永守重信

運をつかむ

GS 幻冬舎新書 680

まえがき――運に近づく「道筋」がある

人の運命とは不思議なものである。私は人生の来し方を振り返るとき、そのことをつくづく感じる。

私が生まれたのは戦争が終わる直前の１９４４年。そのとき母は40歳を超えており、当時としては、かなり珍しい高齢出産であった。私には兄が３人いて、すぐ上の兄とでも20歳以上も離れている。

親子ほども年の離れている３人の兄は全員戦争に行っていて、みな戦死するようなことがあれば、跡継ぎがいなくなる。真偽のほどはわからないが、親からはそんな思いがあって私を産んだと聞いている。

ところが、戦争が終わると、中国に出征《しゅっせい》していた長兄が帰ってきた。両親は長兄が御国のために戦っている間に子どもができてしまったことを恥ずかしいと思ったようで、まだ赤ん坊の私を慌てて押し入れの中に隠した。しかし、そこは赤ん坊である。ほどなくして押し入れの中から「オギャー、オギャー」という泣き声が聞こえてきて、長兄に私の存在がばれてしまった――。

この逸話が示すように、もし戦争がなければ生まれてこなかったはずなのに、というところから、私の人生は始まっている。

歴史に「ｉｆ《イフ》（仮に）」がないように、一人ひとりの人生にも無論「ｉｆ」はない。だが、もし違う環境で生まれ育ったなら、今の私はなかっただろう。

私の生家は京都の片田舎にある貧しい農家である。家は小作地を借りて米や野菜をつくっては、父がリヤカーで京都市内に売りに行くという生活。その父も私が中学校2年のときに他界したため、家計はいっそう苦しくなり、母親からは中学を出たら働けと言われていた。

だが中学の3年間を首席で通し、勉強熱心だった私を見て、先生が母親と長兄を説き伏せてくれ、奨学金で工業高校の電気科に進むことができた。大学に行くつもりはなかったが、これもまた担任の先生が、奨学金をもらえばほとんどお金のかからない職業訓練大学校（現・職業能力開発総合大学校）をすすめてくれ、入学することができたのである。

大学卒業後、音響機器メーカーや精密機械メーカーにしばらく勤めた後、28歳で独立し日本電産（２０２３年４月１日、「ニデック」に社名変更）を立ち上げたわけだが、進学のたびに強い制約を受けるような貧しい家庭で育っていなければ、どうなっていただろうと思うことがある。

もし、お金に苦労することもない普通の家に生まれ育っていたなら、会社を創業することはなかったかもしれない。何でも一番にならないと気が済まず、常に首席の学業成績を収めてきた私は京都大学にでも入って、大手電機メーカーのサラリーマンをやっていたかもしれない。

ただ、いささか協調性に乏しい人間なので、系列の子会社などに飛ばされ、そこで営業課長でもやって、勤め人としての人生を静かに終えていたのではないか。そんなことを、ふと想像したりする。

裕福さとは対極の、つらく厳しい環境で育ったからこそ、自分の力で道を切り拓き、ゆくゆくは一国一城の主になるぞという強い情熱と気概を持ち得たのである。そうでない環境に育っていれば、きっとまた違う道を歩んでいただろう。

そんなことを考えると、運命の不可思議な綾《あや》に触れる思いがする。あみだくじに一本線を書き加えるだけでまったく違う結果になるように、どれだけ人事を尽くそうと、一寸先は闇。人の運命も、どこでどう転がって行くか誰にもわからない。

ただ、はっきりしているのは、最善を尽くさない限り、運は味方をしてくれないということだ。

この本は、そんな私が78年の人生を通して学び得た「運に近づく」ための考え方や行動について、実体験を交えて述べたものである。

私は常々、人生は「運が7割、実力が3割」と考えている。精一杯努力をしても、最後に結果を決めるのは「運」である。

そして、努力に努力を重ね、もうこれ以上できることがないといった果てに、初めて運はやってくる。私はそう考えている。

私が運に恵まれていなかったら、49年前につくった会社の売上高が２０２１年時点で、２兆円に迫るようなことはなかっただろう。

もし今自分は運に恵まれていない、不運なことばかり起こると感じていても、心配することはない。私は自分の経験から、「不運は幸運の入り口である」ことを知っているからだ。しかるべき努力をすれば、不運な状況もオセロの石がひっくり返るように、必ず幸運へと転じるはずである。

また、人生における運の総量は決まっていないので、努力次第でいくらでも増やせるものである。

いかに運に近づくか。どうやって運を呼び寄せるか。そこには、おおよそ決まった「努力の道筋」がある。本書を読んで、そのヒントをつかみ、あなたのこれからの人生に役立てられることがあるのなら、これほど嬉しいことはない。

日本電産株式会社　会長・創業者
京都先端科学大学　理事長
永守重信

運をつかむ／目次

第4章 「運気を落とさない」習慣を徹底する　155

第1章

私が考える「運」

「いい人生」をつくるために必要なこと

今日を人生で一番よい日にしよう――。

そう思って私は毎日、毎日を生きている。昨日より今日、今日より明日、明日より明後日、今月より来月、今年より来年はもっとよくなる。そう信じ、そうなるべく努力をして、これまでずっと生きてきた。

その思いは、28歳のときに「夢見る夢夫」に名を変え創業して以来、まったく変わっていない。

もちろん、昨日より今日を、今日より明日をよいものにするには、具体的にどんな思いや考えを持って、どのように行動するかが大事だ。その大もととなるのが「志」だ。

「自分が成長し、会社が成長し続けるにはどうすればよいのか」「どういう人間になりたいのか」「どういう人生を歩みたいのか」「どういう会社にしたいのか」……すべて「初めに志ありき」なのだ。

「志」を抱き、それを磨き、いかに大きくしていくか。「志」は人生の方向を決める羅針盤のような役割を担ってくれる。目標も夢も何もなく、ただ漫然と生きているだけでは人は成長しない。

常に「志」とともにあれば、「志」は進むべき先を明るく照らし、しっかりと導いてくれる。そして「志」が高いほど、困難な目標を前にしてもひるむことなく、「絶対やるぞ」と果敢に挑戦していける。

私が会社を興したとき、最初に行ったことは会社の基本方針を立てることだった。生産計画も販売計画も資金計画ももちろん大事だが、何よりもまず、どういう会社を目指すのか、自分の「志」を具体的な言葉にしておこうと考えた。

それが、今も日本電産の経営三原則となっている。

1．企業とは社会の公器であることを忘れることなく経営にあたる。
すなわち、非同族企業をめざし何人《なんぴと》も企業を私物化することを許されない。

2．自らの力で技術開発を行い、自らの力でつくり、自らの力でセールスする独自性のある企業であること。

すなわち、いかなる企業のカサの中にも入らない独立独歩の企業づくりを推進する。

3．世界に通用する商品づくりに全力をあげ、世界の市場で世界の企業と競争する。すなわち、インターナショナルな企業になることを、自覚し努力する。

なぜインターナショナルな企業にしたいのか。国内外に数々の事業を残し、その事業を通じて社会に貢献していきたいからという理由もあるが、もう一つの理由は「このあたりでいいか」と満足してしまえば、前に進めなくなるからだ。

ある程度大きくなり、このあたりでいいだろうと考えていると、会社組織は時代や環境の変化にあっという間に置いてけぼりにされ、衰退していくものである。だからこそ、常に前へ前へと進んでいかなくてはならないのだ。

前に進むためには、「志」を大きくしていくことも必要だ。それには「志」を共有してくれる仲間を増やしていかなければいけないし、私にとっては同じような大きな

「志」を抱いている経営者とつき合うことも大切だ。

あなたがもし今、仕事や人生における目標をなくしかけているなら、かつて立てた「志」を思い出してほしい。そんなものはどこかに消えてしまったというのなら、新しく「志」を立ててほしい。「志」は何歳からでも抱ける。年齢的に遅いなんてことはまったくない。

「志」があれば、新しい道が目の前に現れる。「志」があれば、前に進むモチベーションが上がる。「志」があれば、それを実現するための工夫や知恵もわいてくる。後はがむしゃらにがんばるだけだ。

いい仕事をして、いい人生をつくるには、いい「志」が絶対に欠かせない。まずは「志」ありきだ。そのことを決して忘れてはならない。

「人生は運が7割」だから面白い

日頃努力が何よりも大事だと言っている私だが、常々「人生は運が7割」だと思っている。どれだけ人事を尽くしても、結果がどうなるかは誰にもわからない。願っている通りに事が進むこともあれば、ままならぬこともある。どちらに転ぶかは天次第。まさに一寸先は闇だ。

しかし一方で、運を呼び寄せるには、どれほど努力を積み重ねたかが問われるのも事実だ。徹底的に努力をして、これ以上はもうできることがないという極限までいって、初めて運はこちらに顔を向けてくれるからだ。

「運が7割」というのは、自分の力ではコントロールできない大きなものが、最後は運命を決めているのではないかという実感に基づいている。そんな目に見えない運命の流れを、恐いほどはっきり感じた体験をしたことがある。

創業して7年目の年末のことだ。取引先が倒産して手形が不渡りになり、巨額の焦げつきが発生、それによって会社はつぶれるかどうかの瀬戸際に立たされた。

そんな折、ある人の縁で比叡山のふもと、京都の八瀬《やせ》にある九頭竜大社《くずりゅうたいしゃ》の教祖さんに会いに行くことになった。鋭い霊感の持ち主で、そのお告げはよく当たるとの評判だった。いくら考えてもよい解決策が見つからず、不安ではちきれそうになっていた私は、少しでも希望を感じさせてくれる手掛かりがほしかったのだ。

半信半疑の面持ちで座っていた私に告げられたのは、「あなたの運命は、次の節分で変わる可能性を持っている。それまでは何とか持ちこたえなさい」というものだった。

私はこのお告げに従い、金策に奔走しながら必死の思いで営業努力を続けた。

そして迎えた節分の日、真夜中にアメリカから一本の電話がかかってきた。現地駐在員が毎日通うほどの熱意で食い込もうとしていたアメリカＩＢＭ社からのものだ。なんと、それは当時の年間売上高に相当するほどの、精密小型モーターであるフロッピーディスク・ドライブ用モーターの大量注文だったのである（日本電産では電動機を「モータ」と表記しているが、本書では「モーター」と表記）。まさに絶体絶命のピンチから抜け出す、起死回生の逆転満塁ホームランであった。

それにしても、不思議としかいいようのない話である。このとき私は、運命の力ともいうべきものが人知を超えたところで働いているのをまざまざと感じた。

ただ、これは単なる幸運と呼べるものではない。それまでに血のにじむような努力を重ねてきたからこそ、そして節分まで歯を食いしばってがんばろうという気持ちでふんばったからこそ、運を呼び寄せられたのだ。だから人生は面白いともいえる。

運はこれ以上ないというほど努力の限りを尽くして、初めて近づいてくるものだということを、このときほどはっきり感じたことはない。

この九頭竜大社の教祖さんのお告げが当たったのは、これだけではない。京都の亀岡市に新工場を建設しようとしていたときである。工場用水の井戸を掘削《くっさく》したところ、まったく水が出ない。そこでもう一本掘ったものの、これも空振り。一本掘るのに100万円ほどかかる。困って、九頭竜大社にお告げを聞きに行った。すると、教祖さんは工場敷地の図面に赤鉛筆で1カ所印をつけ、「ここを掘ってみなさい」とおっしゃる。

専門業者にそれを見せると、「そんなところから出るわけがない。こっちは40年も井戸を掘ってきたんだ」と怒り出す始末だ。何とかそれを説得し、掘らせたところ、お告げ通り水が勢いよく噴き出したのである。

また、こんなこともあった。あるとき教祖さんから、飛行機には気をつけなさいと言われたのだ。これからアメリカへ出張に出かけようというときだった。

ミネアポリスで用事を済ませた後、サンフランシスコをいったん経由して、次の目的地に向かう予定だったが、ミネアポリスからの便が遅れてしまった。ところが商談の約束のためにどうしても乗らないといけないフライトのチケットが、満席で取れない。しつこく食い下がって交渉をしたが、埒《らち》が明かない。結局諦めるよりほかなかったのだが、なんと、この飛行機が事故を起こしてしまったのである。

そんな不思議としかいいようのない体験をするうちに、私はこの世には目に見えない力が働いていると信じるようになったのである。

「運命の流れ」は努力で変えられる

不思議な偶然を体験すると、運命はすでに決まっているのではないかと感じたりする。だが、私は運命の流れのようなものはあるとしても、それは本人の努力で変えられると思っている。

たとえば、私が両親から生まれ、その遺伝子を引き継ぎ、この顔と体を持っていることは定められた運命で、変えようがないことだ。日本という国で日本人として生まれ、日本語を喋ることも運命といっていい。

このように先天的な条件によって定められたことは運命といってよいが、後天的に身につけていくことの多くには選択の幅があり、運命は意思と努力によって変えていくことができるのである。

私が貧しい農家に生まれて育ったことは運命だが、その流れに抗《あらが》うかのように私は自分の道を切り拓いてきた。仮に定められた運命があるとしても、それは変えることができるんだと思って、気が遠くなるほどの努力を重ねてきた。

私が歴史上の人物でもっとも好きなのは豊臣秀吉だ。農民もしくは足軽の子として生まれたと俗に言われているが、出自に関する明らかな史料はない。ただ下層の出であったことは確かなようだ。

そんな出自の人物が、機略に富んだ行動と人たらしと言われるほど人間味溢れる振る舞いで出世街道をひた走り、最後に天下人へと上り詰めたのは、途《と》轍《てつ》もない奇跡のように感じられる。

秀吉はまさに与えられた運命に逆らうかのように生き、自らの力で運命を見事に切り拓いた人物といえよう。秀吉のような人間を見ると、人間が持っている可能性は計り知れないと感じる。

運命は、定められていて変えることのできない部分より、自らの努力で変えていける部分のほうが遥かに大きいのだ。それが我が人生を振り返ったときの、紛れもない実感である。

悪いことの後には、必ずよいことが起きる

悪いことがあれば、次には必ずよいことがやってくる。私は、人生はいいことと悪いことが交互に繰り返しやってくるものだと思っている。上下を繰り返すサインカーブ（次ページ参照）のようなもので、人生をトータルすると、最終的にはいいことと悪いことが半分ずつに収まるのだ。

こう言うと、いや、そんなことはない、と感じる人もいるだろう。あの人はあんなに恵まれて、いつも楽しそうに生きている。それなのに自分にはよいことがこれまで何もなかった。つらいことの連続で何度心が折れそうになったことか。いいことばかりがた

サインカーブ

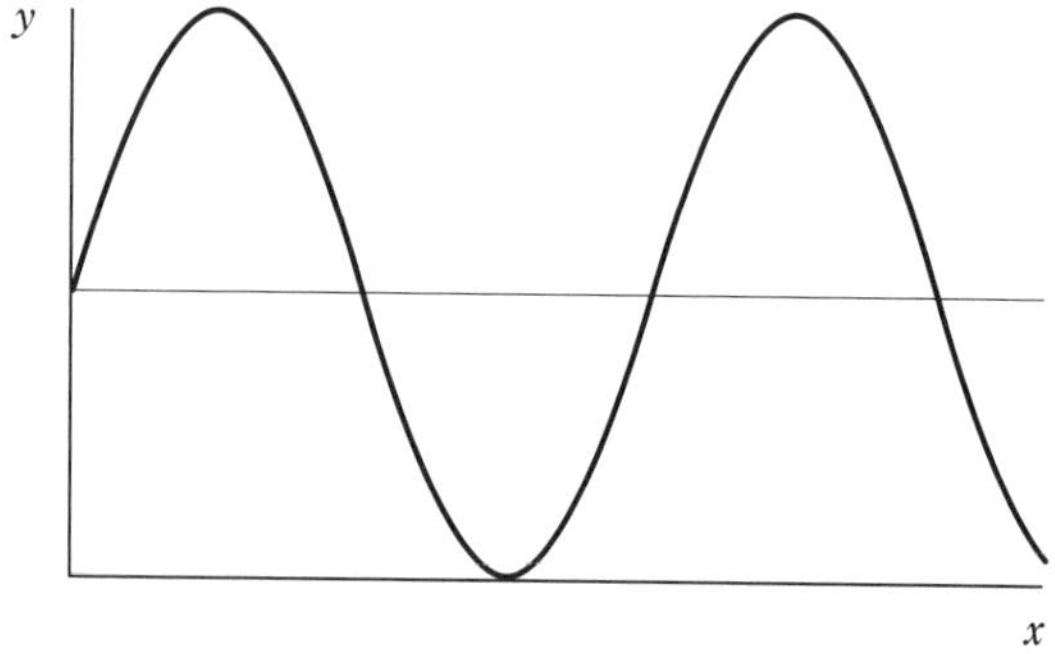

くさんある人生もあれば、反対によくないことばかりの人生もある。世の中、実に不公平ではないか――。

だが、そう思うのは、真実の姿をとらえていないからである。

よいことばかりの人生を過ごしてきたように見える人でも、それはあくまで表面的な印象にすぎない。その裏には必ず人知れぬ苦労があるものだ。幸せをつかむまでは困難の連続であったかもしれないし、家族のことで非常につらい思いをしたかもしれない。そんなことは、決して外からはうかがえないものだ。

かたや、自分の人生にはろくなことがなかったと嘆いている人でも、来し方を細かく振り返ってみれば、楽しかったことや幸せに感じたことは、いろいろと出てくるはずである。

人は幸せな体験より、つらい思い出のほうが、ことさら際立って覚えているものなのだ。

結局のところ、どんな人の人生もいいこと半分、悪いこと半分である。

そんな話を知人にしたとき、こんなことを聞かれた。

「永守さんは大きな会社の経営をされていて、順調にやっておられる。圧倒的にいいことだらけの人生じゃないですか？」

完全な誤解である。会社だって順調に拡大してきているように見えるが、ここに至るまでには、どれだけの数の失敗や困難があったことか。幾度も幾度も絶望の淵に立たされ、人知れず悔し涙を流し、歯を食いしばってやってきたことなど、私が話さなければわからないことだ。

社会に出るまでも苦労の連続だった。「まえがき」でも触れたが、京都の片田舎の貧しい農家に生まれた私は、その貧しさゆえに進学に大きな制約を受け、さまざまな苦労をした。

ただ振り返れば、つらく苦しいことばかりではなく、その一方で楽しい思い出も、それこそ数え切れないほどある。よいこととそうでないことは、まさに半々なのだ。

どんな人の人生も、みなサインカーブを描いている。違うのは上下するカーブの大きさだけだ。

サインカーブには法則がある。苦労が大きければ、それが報われたときの喜びもまた大きい。苦労が小さければ、喜びは小さくなる。つまり、小さな苦労であればサインカーブは小さくなり、大きな苦労なら大きなサインカーブになるのだ。

前者であれば、つらいことは少ないけれど、その代わりいいことも少ない。後者なら、つらく嫌なことがたくさんあるけれど、いいことも山のようにある。

人生はサインカーブを描くと知っていれば、たとえ大きな問題に直面して悩むことがあっても、「今はサインカーブの下にいる。これを抜ければ、同じくらい喜ばしいことがある」と思ってがんばれるだろう。要は、努力しても報われないときは「運をためている」と思えばいいのだ。

今までよくないことばかり続いてきたと感じている人は、喜ぶべきである。なぜなら、この先は努力次第で、幸せないいことがたくさんあるはずだからだ。

「不幸の入り口」になりかねない「幸運」もある

運には2種類ある。努力によって呼び寄せられる「必然的な運」と、宝くじに当たるような「偶然の運」である。

後者の運は石を投げたら何かに当たるようなもので、努力の要素はまったくない。偶然の運というのは、非常に低い確率でしかやってこない。

たとえば宝くじの1等を当てる確率は1000万分の1ぐらいだそうだが、1000万分の1というのは実質0％と同じようなものである。それを夢見て宝くじを頻繁に買うような人は、無駄なことをしていると思う。

宝くじに熱心な人になると、当選くじがよく出るという繁華街の売場へわざわざ出かけて買うらしい。年末ジャンボ宝くじの発売時期になると、人気の売場には長蛇の列ができて1時間近くも並んだりする。験《げん》がいいということなのだろうが、そんな当てにならないものに夢を見るのは自分には理解しがたい。同じ夢を見るなら、自分の力で近づいていける夢を見たほうがいい。

偶然の運にかけるような人生は、まっとうな人生として確立されることはない。宝くじで大金が当たった人は、それによってかえって不幸になるケースも多いそうだ。

汗をかかずに手にしたお金には、ありがたみがわかない。大金の使い道がわからなくて必要のない高額商品を買いまくったり、ギャンブルに注ぎ込んだり……無節操な消費行動を繰り返すことで、かえって借金をつくることもある。

あるいは金回りが急によくなった様子を見て、いろいろな人にたかられ、トラブルになるケースも多いという。うまい話にだまされたり、自分が調子に乗りすぎたりして、それまでに築いた人間関係が壊れるのである。

大金が当たってこの上なくラッキーと思ったことが、実は不幸の入り口だったわけだ。

偶然の運は、願っても来たりしない。「何かいいことないかなあ」と思って何もしないような人には、まず運はやってこない。

考えるべきは、「僥倖《ぎょうこう》」というような偶然の運ではなく、必然的な道筋を辿ってやってくる運である。それは生活の姿勢であったり、努力の仕方であったりするから、自分の力で呼び寄せられるものだ。

偶然の運に頼っても、人生は拓けない。仕事を成功に導き、人生をよりよいものにするのは、あくまでも努力によって呼び寄せる「必然性を持った運」なのである。

「縁」に導かれて経営者の仕事へ

私はなぜ日本電産という会社をつくって、今日まで経営者として仕事を続けてきたのか。そう考えると、すべてはさまざまな人との「縁」によってこの道を選んできたことに思い至る。

私は小学校3年生の作文の時間に「ぼくは将来、社長になりたい」と書いた。同級生たちが「飛行機のパイロットになりたい」だの「プロ野球の選手になりたい」だの、みな具体的な職業をあげるなか、私だけがいささか漠然とした職業を記したのである。

なぜ社長と書いたのか。それはお金持ちの同級生の家へ遊びに行ったことがきっかけだった。私の家は貧しい農家で、周りも似たりよったりの粗末な家ばかり。そのなかで、その友人の家だけが唯一きらびやかで目立つ存在だった。聞けば、朝鮮戦争の特需によって裕福になったという。

家の中はどうなっているのだろう？　興味津々で遊びに行ったとき、私はこれまで見たことのない世界があることを知って、おおいにカルチャーショックを受けた。友人は自分の部屋にドイツ製の鉄道模型のレールを敷き詰め、その上でミニチュアの電車を幾台も走らせて遊んでいる。おやつの時間になると、見たこともないお菓子をお手伝いさんがお盆に載せて持ってくる。そのお菓子はチーズケーキだったが、おかきばかり食べていた私の舌には、あまりにも甘美で衝撃的だった。夕方になると、庶民にとってはとびきりの贅沢品だったステーキを焼く香ばしい匂いが漂ってくる。

なぜこんな生活ができるのか不思議に思った私が「お父さんは、何をしてるの？」と聞くと、「社長だ」と言う。社長になれば立派な家に住んで、こんなおいしいものを食べられるのか。よし、将来オレも社長になろう。その思いは以来、私の頭から離れなくなった。

もう一つ、今の私の仕事につながる大きなきっかけは、小学校4年生の理科の授業だった。コイルを巻いて模型のモーターを組み立てて動かすという実習をしていたとき、私がつくったモーターがクラスの中でもっとも速く安定して回った。それを見た先生が「すごいじゃないか。お前のモーターが一番だ」とみんなの前でほめてくれたのだ。

この先生は家が貧しい私には、いつもつらく当たっていた。そんな先生から珍しくほめられたことで、モーターの魅力が深く心に刻まれた。

後に、それが芽を出すことになる。勉強をするならモーターと考えていた私は、職業訓練大学校の電気科に入り、ブラシによる機械的な接触を取り除いたブラシレスモーターを研究対象に選ぶ。当時はまだ一般的でなかったが、機械的な接触がない分、寿命が長く効率的で小型化も可能なブラシレスモーターはモーターの主流になるはずだった。

その頃は35歳までに独立してモーターの会社をつくろうと密かに計画を立てていたので、かなり真剣に勉強した。その結果、職業訓練大学校創立以来の好成績を収め、首席で卒業することができた。このときの研究が、そのまま日本電産の創業へとつながっていくわけである。

こうしたことを振り返ると、経営者の仕事は、何かしらの「縁」が関係して、やってきたものといえる。人知では計れない、運命の流れとしかいいようのないものだ。そこに思いを馳せれば、今の仕事は、まさに天が与えてくれたもの、天職である。

天から委ねられた仕事だと思えば、どこかで「やらせていただきます」という謙虚な気持ちが芽生え、ひいては社会のために役立つ仕事をしよう、という思いがいっそう強くなる。

これは私に限った話ではなく、世の多くの人の仕事も同様に、天から与えられたものなのだと思う。天命という意識を持って一生懸命がんばって「やらせていただく」。そうすれば、次の仕事の「縁」に必ずまたつながっていくのである。

努力を怠らないでいると「人」が「運」を運んでくる

「人との縁」は、すなわち「運」といってもいい。新しい仕事も幸せな出会いも、みな縁が運んでくれる。人の縁に恵まれている人は、運にも恵まれるものだ。

縁は当然ながら、自然とわいてくるものではない。待っているだけでは、縁はやってこない。運が努力に努力を重ねた上でやってくるように、縁が生まれるのにも、人と積極的に交わるなどの努力がいる。そして、ひとたび人と縁ができれば、その「ご縁」は大切に扱うべきなのだ。

縁を生み、それを長く続かせるには、まず第一に信頼を築くことである。「築城三年、落城三日」といって、人の信頼は築き上げるのには3年かかるが、1回の過ちであっという間に失ってしまう。当然のことだが、約束は必ず守るなど常に誠実であることがとても大事だ。

そして、つき合いが途絶えないようたまに連絡を取ったり、一緒に食事をしたり、つき合いが深ければたまに贈り物をしたりと、互いに忘れないよう気を遣う努力も欠かせない。

よく考えれば、縁というものは、奇跡的な確率で生まれるものだ。５００万年という人類の歴史のなかで現代という時代にたまたま生まれ、何十億人という人間がいるなかで、一生で出会う人は、そのうちごくわずかである。そんなことを想像すれば、縁とは実に尊いものだという気持ちになる。

私の仕事人生も、さまざまな人との縁によって成り立っている。親、家族、友人、学校の先生、社員、顧客、ビジネスパートナー……実にたくさんの人たちとの出会いが、ここまで私を運んでくれた。どの人との縁も、すべて自分にとってかけがえのない財産だ。

長く印象に残り続ける出会いも、感謝してもし切れない出会いも、思い返せば数え切れないほどある。

オムロン創業者の立石《たていし》一真《かずま》さんも、その一人だ。立石さんは京都を創業の地とした尊敬すべき大先輩であり、また厳しい状況のなか、思いがけなく手を差し伸べてくれ、日本電産が大きく飛躍するきっかけを与えてくれた大恩人である。

立石さんと初めて出会ったのは、京都の財界や金融機関が出資してつくった日本初のベンチャーキャピタルのトップとして、立石さんが日本電産の小さな工場を視察に訪れたときのことであった。

あるとき、アメリカのスリーエム（３Ｍ）社から、カセットテープを高速でダビングできるカセット・デュプリケータ用モーターを大量に受注できたのだが、一つ大きな問題があった。工場といえば民家の一部を使用したきわめて小さなもので、スリーエム社からの注文数量をこなせるだけの生産設備がない。そのため新しい工場の建設を急いで進めなければならなかったのだが、実績も信用もない零細企業を相手にしてくれる銀行はどこにもない。

その頃、件《くだん》のベンチャーキャピタルが誕生したことを知り、すぐに融資を申し込むことにした。ところが担当者の返事は、つれないものだった。あまりの規模の小ささと実績のなさを指摘され、審査には回すが、通る確率は低いので期待はしないでほしいというのだ。

数日後に電話がかかってきたが、その内容は意外なものだった。なんとベンチャーキャピタルのトップが直々に工場を視察したいというのだ。このときのトップが立石さんだったのである。

嬉しかったものの、内心は不安で一杯だった。30坪ほどの民家の一階を使っているだけの貧相な工場、設備も古びた中古品ばかり。それを見たらどう思うだろうか。

この頃は、交渉が進んでいる会社の担当者を工場に案内した途端、話が立ち消えになってしまうことが続いていた。だが、それは杞憂だった。

「創業1年で、ここまできたのは立派なものです。私が創業した頃の工場は、もっとみすぼらしいものでした」

見学をひと通り終えた立石さんは、にこやかな笑顔でそう激励してくれたのである。

その後、融資が正式に決まり、京都新聞にそのことが大きく取り上げられた。この一件で日本電産の名前は金融機関の間で知れ渡り、銀行からの融資はそれ以降、格段に受けやすくなった。

このときにできた立石さんとの縁は以来ずっと続き、経営の基本や考え方についてさまざまな形で薫陶《くんとう》を受けることになったのである。

「能力」があっても「やる気」のない人は伸びない

「ＩＱ（知能指数）などによる能力的な差は、どんなに頭がよくても、普通の人のせいぜい5倍ほど、一方、ＥＱ（感情指数）の高い社員とやる気のない社員を比べると、仕事で１００倍以上の差が生まれることがある」

私はＥＱがいかに大事かということを伝えるために、そのことを社員にはよく話す。

ＥＱとは、自分や他人の感情を察知して理解するという「心の知能指数」をさす。情熱を持って困難な目標に挑む力、相手の状況を読み取り、人心を束ねる力……知性や感性を総合した、いわゆる「人間力」と言いかえてもいいだろう。

仕事においては、やる気を生み出す原動力といってもいい。

頭がよく、知識が豊富にあっても、それだけでは仕事はできない。人間は実にさまざまである。立場や生き方、それまでの経験によって、ものの考え方も行動パターンも人間観も、みな違う。意見も性格も違う人たちとうまくつき合いながら人望や信頼を得ることは、ＥＱが低くてはできない。

ＥＱが高ければ、ＩＱにおける能力差は問題にならなくなる。ＥＱの磨き方次第で、いくらでもその差をひっくり返せるからだ。

ＩＱは高いが、ＥＱが低いために思うように成果を上げられない。反対に、頭は決してよいわけではないが、ＥＱが高いゆえに目覚ましい成果を上げる。私は実際に、これまでそんな人たちを数え切れないほど見てきた。

もちろん、高いＥＱは簡単に身につくものではない。だが意識して努力をすれば、どんどん伸ばせるのもＥＱだ。ＩＱは持って生まれた部分も大きいが、ＥＱは鍛え方次第で、とてつもない差がついてくる。

そんなＥＱが高い社員が多ければ、会社組織は強くなる。私はＥＱが高い凡人が１００人集まれば、傑出した一人の天才型社員が成果を上げるより、高い成長力が約束されると考えている。

これまでの社会では、偏差値の高い高学歴の人材が重用されてきたが、ＡＩ（人工知能）時代の到来で、これからはＩＱ値によって表される評価よりも、ＥＱ値の高さがより強く求められていくだろう。

ＡＩやロボットの進化とそれに伴う普及で、人間が行っている仕事のかなりの割合が将来取って代わられることになる。たとえば、ＩＱ的な能力が使われる計算や分析といった作業は、ＡＩのほうが人より速く優れているため、ＡＩがどんどん担っていくようになるだろう。そうなると、人間にしかできないのは創造性や共感性を求められる類《たぐい》の仕事になる。

社会が進歩し、複雑になればなるほど、仕事や生活における人間関係も、また複雑になってくる。その分、他人への共感や理解、説得や交渉といった能力も、いっそう求められる。そこで本領を発揮し、活躍するのは、紛れもなくＥＱの高い人なのだ。

ＥＱは筋肉のように鍛えて伸ばせる……そういうと、ＥＱはいかにもスキルであるかのようにとらえる人もいるだろう。だが誤解してはいけない。ＥＱは単に上っ面のスキルではない。そういうレベルでＥＱをとらえている限り、ＥＱの本質は決してつかめない。

高いＥＱを身につけるには、その人の核に真剣な思いや情熱、誠意がなくてはならない。そうでなければ、相手を深く理解すること、相手を本心から動かすことはできない。

ＥＱを高めるためには、何よりもさまざまな体験を重ねることだ。そして何事にも真摯に向き合うことが大切である。苦労して身が震えるほど感動した成功体験や、苦境にあえぎながらも、それを乗り越えたといった体験は、ＥＱをおおいに高めてくれる。

その点で、失敗や挫折の体験はとても大事だ。壁にぶつかることで、ＥＱのもととなる感性はおおいに磨かれる。悩み、苦しんだ経験によって、他人の気持ちへの深い理解や共感が生まれるからだ。すなわち困難に出合うことは、「心の知能指数」をアップさせる絶好の機会なのである。

ＩＱに高い価値を認めた社会は、終わったといっていい。これからはＩＱにとらわれず、ＥＱを磨き、いかにそれを育むかが問われる時代だ。その努力を続ければ、誰しもが持てる可能性を最大化できるはずである。

「今」を悲観すると、常に成長できる

日本電産の過去の業績を振り返ると、世の中が不景気なときほど大きく成長している。会社をつくったのはそもそもオイルショックのときだったし、１９９０年代の金融危機の頃、２００８年のリーマンショックの後など、世の中が悲観的な見通しで覆われている時代に、むしろ伸びているのだ。ところが、世の中全体が好景気のときには、意外と成長をしていない。

「ピンチのときにチャンスあり」とよく言われるが、厳しい環境下でチャンスを拾うには、それ以前から相応の準備をしておかなければ間に合わない。

世の中が悪いときほど会社が伸びているのは、創業以来ずっと「足元悲観、将来楽観」という考え方を基本にやってきたからでもある。

調子がいいからといって「今のやり方で、これからもやっていこう」と思っていたら、将来は明るくない。市場はさらによいものを求め、それに応じて技術はどんどん向上す

る。今脚光を浴びている商品も、あっという間に陳腐なものになってしまう。足元を楽観して努力を怠ると、将来は危ういものになるが、今を悲観していち早く周到に準備をすれば、変化した市場でおおいに伸びることができるはずだ。

多くの会社は景気がよいときに、勢いに乗じて高額な投資を行ったり、過剰に人員を増やしたりする。足元を楽観するそのような行いは、環境が変わった途端、過度な負担となって成長の足かせになってしまう。

好景気のときにこそ浮かれず、厳しいときでも成長できる土台をしっかり固めるべきなのだ。

私が子どもの頃、母親は私の手のひらを見て、「お前の手相は、めったにない珍しいものだ。将来はきっと明るいよ」とよく言ったものだ。ただ、そう言われても家は貧しく、兄たちは中学を出ると働いており、経済的に上の学校に進学するのも厳しい家庭環境だった。「希望ある未来が待っている」と言われても、ピンとは来ない。

するると、母親は「松下幸之助や本田宗一郎を見なさい。満足に学校も出ていないけれど、あんなに立派になっているではないか。貧しくても負けずに努力すれば、必ず幸せになれる」そう言って私を励ましてくれたものだ。

今は苦しくとも、そこから逃げずに立ち向かっていけば、必ず道は拓ける。「足元悲観、将来楽観」が私の揺るぎない信念となったのも、母から繰り返し言われたことが体にしみ込んでいるからである。

楽な状況のときほど緊張感を求めよ

調子のいいときには足元をじっくり見つめ、厳しいときには顔を上げて、将来の希望と夢を語る。「足元悲観、将来楽観」の考え方は、どのようなときにも悲観一色、楽観一色ではダメだということを教えてくれる。

会社の業績が落ち込んで悪い材料ばかりが目立っても、暗い顔をして危機感ばかり語っていてはダメなのだ。厳しくつらいときほど、「今は大変だけれど、ここを乗り切ったら先は明るい」と将来に対する楽観を語るべきである。

反対に、絶好調なときは「これくらいで浮かれていたら、危ないぞ」と危機感を胸に刻み、重心を低くしなければいけない。

楽観と悲観は一対のもの。夢と危機感はいつも合わせ鏡のように語られなくてはいけないのだ。

ところで人間が能力を発揮するには、緊張感というものが、実はとても重要な役目を果たす。

観光地の池でエサをもらいすぎてぶくぶく太ったコイをスマートにさせるには、ナマズを一匹放てばいいのと同じで、人間も楽な状況のときほど緊張感を求めるべきである。

楽をしている状態のときと、追い込まれているような厳しいときとを比べると、緊張感がもたらす効果がよくわかる。

たとえば土壇場に追い込まれて必死の努力をしているときは、自分でも驚くような、とんでもない力が出てきたりする。切羽詰まった危機的な状況にあるほど、能力は最大限に引き出されるのだ。

つまり、調子がいいときに楽観一辺倒の姿勢ではいい緊張が生まれず、そのため能力が十分に使われなくなるという別のリスクが生じるのである。

よい状況のときこそ足元を悲観し、危機感を抱けというのは、能力を存分に発揮するために必要な緊張感を持て、という意味合いもあるのだ。

「中身のある努力」は決して人を裏切らない

時間をかけて努力をしてきたのに、よい結果が出ない。いい仕事をしようとがんばっているのに、どうも成果が上がらない。そう嘆く人は、中身のある努力を本当にしたのか疑ったほうがいい。

運を呼び寄せるには、日頃よりしかるべき努力を怠らず続けるしかない。これ以上できるものがないというところまで人事を尽くして、初めて運はやってくるのだ。

人もモノも金もない。実績も信用も暖簾《のれん》もない。京都の自宅の六畳間で仲間3人とともに、たった4人で日本電産を創業したときは、まさにないない尽くしであった。

そんな会社が競争に打ち勝って成長していくには、どうすればいいか。何をどう比べても、ライバルに勝てるものは何一つない。だが平等に与えられているものが、たった一つあった。時間である。

一日24時間。世界的に有名な大企業から従業員数名の名もなき町工場まで、その条件は同じである。競争に勝ち進んでいくには、この平等に与えられた時間を最大限有効に活用する以外にない。あらゆる面で他社に劣るなら、働く時間だけでも一番になろう。

以後、ライバルの倍働く――これが創業期の日本電産の合言葉となった。

よその会社は8時間働いている。この倍の時間、働くということは、残りの時間は食事と睡眠の時間だけになる。もちろん休みもない。だが、ひたすらがむしゃらに働くだけではダメだ。負け戦にしないためには、並外れた情熱を持ち、知恵をしぼりにしぼって他社に勝つ方法を次々と考え出していかねばならない。

そこで思いついたのが「他社の半分の納期で製品を納める」という戦略だ。他社の半分の納期で納めるには、従業員全員が力を合わせ、寝る間も惜しんで必死に作業に打ち込まなければならない。

十分な設備と予算を持ち、優秀なスタッフを揃えているライバル会社と対等に渡り合っていくには、こういう方法しかなかったのだ。

「他社の半分の納期で製品を納める」と言われたメーカーは、最初はどこも半信半疑だった。

　しかしそこには、他社より納期を短くして試作品をいち早く完成させて持ち込めば、こちらのペースに持っていくことができるという計算もあった。

　試作品は、一発でＯＫになることはほぼない。しかし、他社より大幅に早く出せば、メーカーから「振動と音をもう少し抑えてほしい」など改善点の指摘を受け、すぐに改良を重ねるという流れが生まれる。

　そんなことを繰り返しながら、毎回ほぼ約束通りに納品してみせたことで、次第に信頼を得られ、注文は日を追うごとに増えていった。こうして実績を重ねることで業界での評判も上がり、順調に取引先を拡大していくことができたのである。

　与えられた時間をフルに活用して人の何倍も働きに働くという姿勢でやってきたことが、会社を成長させる強力な動力源となり、運もついてきてくれた。努力は、決して人を裏切らないのだ。

もし人を裏切る努力があるとすれば、それは努力がまだ不十分だからである。要は、これ以上できる努力がないというところまで努力ができるかどうかだ。

以前、アメリカへの出張の飛行機で、たまたま世界的なピアニストと隣席になったことがあった。驚いたのはそのピアニストが折りたたみ式の鍵盤に向かって、ひたすら練習をしていたことだ。

食事をするときと寝る時間以外、音を出さない状態で、一心不乱に指を動かし続けている。

それを見て感慨を覚えた私が「ここまで練習をされるんですね」と言うと、その人はこんなことを話してくれた。

「１日練習を休むと、自分だけにわかります。２日休むと、共演者が今日の音は変だなと気づきます。そして３日休むと、聴いているお客さまにいつもの音と違うなと伝わります」

世界のトップレベルを維持するには、そこまでの努力が必要ということである。

精一杯の努力を、情熱を持って続ける。人や企業が成長していくには当たり前のことかもしれないが、その当たり前を続けることは、そう簡単なことではない。

もしあなたが、努力をしているのに「運に恵まれない」と感じるのであれば、その努力の仕方が果たして十分なものか、振り返ってみるといいだろう。

ハイテンションになるまで努力を続けられるか

圧倒的な努力を続けている人を見て、自分にはあそこまでのことはできない、と感じる人もいる。

だが、持てるエネルギーを使い切るほどの努力ができる人には秘密があるのだ。いつも中途半端な努力で終わっている人には、それがわからない。

その秘密とは何か。それは高い集中力を持って努力を続けていると、ある時点でハイテンションになることだ。それはマラソンランナーが、苦しい状態を抜け出してランナーズハイになるのと似ている。ランナーズハイとは、脳内に快楽系ホルモンが分泌されることで多幸感に包まれる状態をさす。

努力を続けることは、どんな人でも最初のうちはしんどい。しかし、ある段階を越すと、すごく楽になるのである。だが、たいていの人はハイテンションになって気持ちよくなる前で努力をやめてしまうのだ。

ハイテンションになれば、疲れも感じないので、さらに高い集中力でもって進んでいける。

戦場において、ハイテンションの人は不思議と銃弾が当たらない。戦争の体験談にはこうした逸話があるが、そういう状態になると、不思議と冷静に自分を含めた全体がよく見え、力を自由にコントロールできる感覚になるのであろうか。

ハイテンションの域までいけば、それまであった不安や焦りの影はどこにもなくなる。ただ目の前のことに没頭し続け、白熱した心と冷静な頭で、ゴールまで突っ走っていけるのだ。成功した人が人の何倍、何十倍も努力を続けられるのには、こうした秘密があるのである。

大きなことをなすには、小さなことから始めよ

私の好きな言葉に、「箸《はし》よく盤水《ばんすい》を回す」というものがある。盤水とは、丸い大きな皿、たらいに入った水のことである。

細い箸一本で盤水を回そうと思っても、最初は虚しく水を切るばかりである。しかし、諦めることなく回し続けていると、小さな渦が生まれ、それがどんどん大きくなって、しまいには盤水全体が大きな渦となる。

つまり小さな努力でも、たゆまず続けていけば、やがて大きなことをなしうるという喩《たと》えである。

私はこれまでに68社（２０２２年11月末現在）のＭ＆Ａ（企業の合併買収）を行い、倒産しかかった多くの会社を再生させてきた。つぶれかけの会社をよみがえらせるには、それこそ最初は盤水を細い箸で回そうとするがごとくである。

企業再生というと、経営陣の入れ替えや人員削減など大ナタを振るって大胆なコストカットを短期間で集中的に進めるというイメージがある。

しかし、私は買収した会社の社員を、これまで一人として解雇したことはない。自分が経営者になったからには、社員の面倒は絶対最後までみると決めているからだ。

人員以外の膿《うみ》となっている部分に対しては、大胆で迅速な処方が必要なときもあるが、再生事業は基本的に根気のいる地道な作業で、小さな努力の積み重ねが欠かせない。

ところで、盤水を箸で回すには一つコツがある。それは、最初から盤水全体を大きく回そうとしないことだ。初めは箸を盤水の真ん中に立て、小さな円を描き、徐々にその円を大きくしていかなければ、盤水全体を回すことはかなわない。

会社の再生も同じだ。業績が落ちてダメになった大きな要因ともいえる体質の核心部分に箸を立て、まずは小さな円を描くことから始めなくてはならない。

再建事業の手始めに徹底して行うのが、「Kプロ」と呼んでいる経費削減プロジェクトだ。人件費、材料費、事務用品費、光熱費、物流費、出張交際費などをゼロから見直すのである。それらの経費に売上高1億円当たり５００万円という枠を設け、削りに削っていく。

ある年に買収した精密機器メーカーでは、工場の無駄なスペースを圧縮して、空いたスペースの蛍光灯を取り払ったところ、その数が１０００本近くになったことがあった。電気代に換算すれば、年間数百万円の削減である。

かつて傘下に収めた大手電機メーカーの子会社で私が最初にしたことは、トイレットペーパーの購入価格を聞くことだった。調べてみると、日本電産よりも2割以上も高い値段で買っていた。つまり、この会社はトイレットペーパー同様に、多くのものをかなり割高に買っている可能性があるということだ。

次に、社内のゴミ箱をすべて持ってこさせて、中身をひっくり返してみた。出てきたものはボールペンや消しゴム、ファイルノートや余白だらけの紙など、精査すると約7割がまだ使えるものだった。ゴミ捨て場には、工場でまだ使える原材料や道具が捨ててあったりした。

これらのことは、社員一人ひとりのコスト意識の欠落を如実に表していた。

そこで私は毎週のように現場に出て、具体的な事例をあげて、コストに対する意識改革を迫るという行動に出た。社員の意識は徐々に変わり、それまでは赤字とわずかな黒字の繰り返しだったが、たった1年で営業利益率が12％に跳ね上がったのだ。

その過程で、私は一つひとつ、この経費はどのくらい削れたか、この原価はどれだけ低く抑えられたか、ということを社員に繰り返し問うた。

社員がここまでやればもういいでしょう、というところまできても、私はさらにもっとできるはずだとしつこく迫るのだ。そのぐらい徹底的にやり尽くし、「もったいない」という精神を隅々まで浸透させることで、盤水全体がようやく回り出したのである。

大きなことをなそうと思えば、まずは小さな努力から始める。それは地味なものに見えるかもしれないが、諦めずにやり続ければ、必ずや大きな渦が生まれ、そこから道が拓けていくのである。

失敗の99％は「欲」が原因

失敗の大もとにあるものは何か。それは欲である。「失敗の99％は欲に起因する」とまで私は思っている。

週刊誌などを見れば、そのことにはすぐ納得がいくはずである。週刊誌の一番のウリは、芸能人やスポーツ選手、政治家といった人たちのスキャンダルだ。

暗号資産の投資勧誘話にだまされ、数億円の被害にあった。不倫が発覚し、離婚騒動になった。違法薬物に手を出して逮捕された。多額の違法献金を受け、贈収賄罪で捕まった……すべて欲にからむ話である。そんな欲が不祥事を引き起こし、取り返しのつかないスキャンダルを招いたりする。

欲を持ちすぎると、なぜ失敗を招きやすいのか。それは強欲になると、いろいろなことがよく見えなくなり、正常な判断ができなくなるからである。いち早く察知しなくてはならないリスクが、欲によって覆い隠されてしまうのだ。

経営もそうだ。もっと利益を出したい。もっと好条件で取引をしたい。そう強く思ったときは気をつけるべきだ。

順調に企業業績が伸びているとき、その勢いに乗じて事業を拡大して、風向きが急に変わったらどうなるか。資金をすべてそこへ注ぎ込んでいれば、大きな損失を出し、設備や人などさまざまなものがだぶつき、方向転換しようにも、できなくなってしまう。

欲にかられて事業を拡大してしまうと、環境が悪くなったときに対応できなくなる。ある事業が順調に利益を上げているとき、手元に1000億円のお金があれば、その事業にさらに注ぎ込むのではなく、別の事業に使うという発想をしなくてはいけないのである。

欲にとらわれるあまり、チャンスを逃すこともままある。妥協していい水準なのに、もっと高い価格で契約しようと粘っているうちに、他社に契約を取られてしまったりするのが、そのいい例だ。もっともっとという欲は、マイナスの事態を招くのである。

前述したように、私はこれまで数多くの企業を買収、再生させてきたが、再建の過程で従業員を一人として解雇したことはない。従業員を必ず守るという前提で、すべての再建事業を手がけてきた。

つぶれかかっている会社というのはボーナスも出ないような悲惨な状態になっているもので、現場に足繁く通い、従業員たちと力を合わせてがむしゃらに改革を進めなくてはならない。

健全な再建をしようと思えば、どこかで自分の欲を捨てなければならず、利益のことのみを考えるような再建の仕方は絶対にしないのが私の信条である。

その点で、ファンドがするような再生事業は正直、好きになれない。彼らはお金儲けのことしか頭になく、これまで一生懸命働いてきた従業員を守ろうなどという発想は端からない。従業員がどうなろうと、知ったことではないのである。

できる限りの人員整理をして、戦っていける部門だけを切り売りするようなやり方が、本当の意味での企業再生といえるのか疑問である。それをもって再建を成功させたなど、私であれば絶対にいえない。人の不幸の上に自分の幸せはない、と考えるからだ。

膨らむ欲に対しては、突っ走らないように、いつもブレーキがかかるようにしておかないといけない。ブレーキのない車が事故を起こすように、欲にブレーキがきかない人間は必ず悪運を招く。

腹八分目が健康にいいとよくいうが、欲もそんな感覚で八分くらいに抑えると、ちょうどいい塩梅《あんばい》になるのかもしれない。

もちろん、欲のすべてが悪いということではない。いくら持ってもいい欲もある。向上心だ。これはどんなに持っても、持ちすぎるということはない。

試験で一番を取るぞ、大会で必ず優勝してみせるぞ、絶対にこのプロジェクトを成功させてみせるぞ、こういった欲は努力を引き出し、自分を向上させてくれる。

同じ欲でも、失敗につながる欲には加減が必要だが、向上心につながる欲は無限に持ってよいのである。

複雑なことほどシンプルに考えよ

会社の経営ほど簡単なものはない。かねがね私は、そう思っている。なぜなら会社の経営は、こういうことをすればいい、あるいはこんなことは絶対にしてはならないという方程式のようなものが、はっきりしているからだ。

その基本方程式はきわめてシンプルだ。余計なことを考えず、それらを一つひとつ抜かりなく実践する意思と決断力、そして行動力さえあれば必ず成功する。それゆえに経営は簡単なのである。

たとえば、Ｍ＆Ａをした会社の再建で幹部社員を任地に赴《おもむ》かせる際は、「経営の指針」と称して、再建のポイントが30項目ほど並んだＡ３用紙１枚を渡したりするだけである。

渡されたほうは、再建事業には膨大な手数がかかりそうなものを、こんなにシンプルでいいのかといった顔をしている。だが実際に、それだけをきちんと押さえれば、必ずうまくいくのである。

経営学の専門家の話を聞いたりすると、何やら経営というのは高度で複雑なものであり、頭が相当によくなくてはできないもののような印象を与える。だが、そんなことはまったくない。経営には専門的な知識が必要というイメージがあるなら、それは幻想にすぎない。

前にも述べたように、ＩＱ的な頭のよさを目指すよりも、ＥＱを磨くことのほうが、潜在能力を何十倍、何百倍も発揮できる。だがＩＱ的な頭のよさをことのほか評価する今の社会にあっては、ものごとを複雑に考えることが優秀さの証であるかのように思っているふしがある。

しかし本当に優秀な人の思考は、的を射たシンプルさを持っているものだ。シンプルに考えられるということは、思考が整理されているからにほかならない。

それに対して、ものごとをややこしく考えがちな人は、頭がよいように見えても、考えが雑然として整理されていないのだ。

海外の取引先から手紙をもらったりすると、仕事ができる人ほど、シンプルな英語を使っている。辞書を引く必要もない、誰にでもわかる単語を使って、文章も非常に読みやすい。

会社の会議でも資料をつくらせると、びっしり文字が詰まった10枚程度の紙の束を持ってくる人がいる。必要なことだけを整理してまとめれば、Ａ４の紙１枚で済む内容である。

当然、私はつくり直させるのだが、仮に10枚分の資料をもとに会議などしようものなら、どれほど時間の無駄になることか。書いている本人の時間が無駄なだけでなく、他の人にも無駄な時間を使わせることになってしまう。

頭がいいと自負していながら、仕事で今ひとつ成果を出せていない人は、シンプルに考えれば正解が出てくるのに、かえってものごとを複雑に考えているところがある。そのために無駄な作業をしたり、間違った結論を導き出したりするのだ。

あるとき優秀な大学を出た社員に「こんなモーターができないか」と相談したら、ボードに複雑な数式をたくさん並べて、こういう理由で無理です、とあっさり言われたことがあった。結局提案したモーターは実現させることができたのだが、複雑に考えすぎると的を外し、誤った結論へ持っていかれることが多いのである。

ふだんの仕事や生活においては、ものごとをできるだけシンプルに考えたほうがいい。シンプルに考えれば、行動もシンプルになって、無駄がない。シンプル・イズ・ベストなのだ。

「すぐやる」「必ずやる」「出来るまでやる」は運の宝庫

私は自分のことを、平凡な能力の持ち主だと思っている。ただ、努力の量にかけては人の数十倍、数百倍、これまでやってきたという自負がある。かといって、それは何か特別な種類の努力というわけではない。きわめて「当たり前」のことを当たり前にやる。その「当たり前」の積み重ねが、今に至っているだけのことだと思っている。

では「当たり前」とは何か。それは仕事の土台を成す基本的な考えや行動であり、あるいは仕事を正確に進める努力と姿勢だといってよいだろう。

日本電産が掲げているポリシーやモットーは、まさに社員全員にとって「当たり前」にされなくてはいけないことである。

「すぐやる」「必ずやる」「出来るまでやる」等の日本電産の三大精神は、それを徹底して実践することが会社を成長させる大きな原動力になっている。「泣かない」「逃げない」「やめない」の「三ない主義」は仕事に果敢に向かっていく上できわめて重要な姿勢である。そして「6S（整理・整頓・清潔・清掃・作法・躾）」の徹底は社員が自らを律し、作業の合理化や生産効率を上げることにつながっている。

再建を手がけるつぶれかかっている会社は、たいがい6Sがなっていない。散らかったオフィスで働いている社員はミスが多いし、不良品は掃除が行き届いていない工場から生まれやすい。

だが6Sが浸透すると、自らの手で掃除を行うので設備をきれいに保ち、大事に使おうという意識になる。どこに何が置いてあるかが一目瞭然になるから無駄なものを持たなくなり、ものを探す時間が減るので、労働時間の質が高まって生産性が向上するのである。

これらの考え方や習慣は、すべて私にとっては「当たり前」のことだ。

「すぐやる」「必ずやる」「出来るまでやる」なんてそう簡単にはできません、という人もいるかもしれない。

だが、できる前に諦めたり、恐くなって逃げ出したりするような姿勢では、運も逃げ出してしまうだろう。「すぐやる」「必ずやる」「出来るまでやる」は「当たり前」のことである一方で、運の宝庫だと私は考えている。信じられないという方は、ぜひ一度お試しいただきたい。

「ホラ」を「実現」することができるか

経営者は夢を語らなければいけない。夢があまりにも大きければ、ときにはホラに聞こえるかもしれない。だが、ホラと思われてもいいのだ。壮大すぎる夢であっても、そこに至る道筋を思い描き、たゆまぬ努力を精一杯し続ければ、いつか形になるということを私は知っている。

日本電産を創業した1973年の7月、私はたった3人の従業員を前に、1時間45分にもわたって演説をした。「50年の計画で1兆円企業、そして精密小型モーターの分野で世界一を目指す」と夢を熱く語り、「20年後に自社ビル、30年後には京都で一番高いビルを建てる」という宣言までしたのだ。

このとき従業員からは「兆ではなく、億の間違いですよね？」と聞き直された。だが、2014年度、創業から41年にして売上高1兆円を達成した。従業員は海外も含め11万人を抱える、世界No.1の総合モーターメーカーへと成長した。また宣言通り、20年後には自社ビルを、30年後の2003年には京都一の高さを誇る本社ビルを建てることもできた。

私は未来のビジョンを「ホラ」↓「夢」↓「目標」の3段階に分けている。ホラにも「大ボラ」「中ボラ」「小ボラ」の段階がある。ホラが大から中、そして小となるにつれて、徐々に具体性を帯び始める。具体性が増してくると、「ぜひやりたい」という願望もどんどん強くなってくる。「夢」のレベルにまでくると、現実味のある具体的な数値がようやく姿を見せ始め、やがて「目標」になるのである。

創業時に語った売上高1兆円は、まさに大ボラだ。それがやがて中ボラになり、小ボラになり、夢になる。そこまでくると実現までの道のりが現実味を帯び始め、さらに進めると、非常に具体的な目標策定が可能となる段階がやってくる。そこまでくれば、進捗のテンポは速くなる。緊張感を解くことなく、大きな失敗さえしなければ、実現までにそう時間はかからない。

2019年、私は75歳の誕生日に「新50年計画」を立てた。すなわち私が125歳のとき、売上高100兆円、時価総額も100兆円超え、世界のトップ10入りを目指すというものである。現時点では、まったくの大ボラだ。

世界に通用する理想の大学を創ろうという思いで進めている京都先端科学大学の経営も、大ボラから始まった。「まずは京都大学を抜いて、それからハーバードやケンブリッジといった世界最高の大学を最終的に抜く」という大ボラを、大学関係者の前で語ったのだ。

では、そのホラを、夢や目標にする条件とは何か。それを考え始めると、どういう先生を集めるべきか、学生が研究論文をどれくらい出さないとダメか、どんな教育をするべきかなど、具体的にしなくてはならない細かい事柄が山のように出てくる。そうやって大ボラを中から小に、そして夢にしようとする過程を今、歩んでいる。

ホラには、それを口にすることで周囲を驚かせ、自分を奮い立たせる効果がある。

「とんでもないことを言っているけど、大丈夫か？」

そんな目で見られることは、むしろいいプレッシャーになる。

最近の若い世代は現実的なものの考え方をしているのか、夢を語る人が少ないように思える。たとえ根拠のないことであっても、自分がやりたい、達成したいことがあるなら、どんどんホラを吹けばいい。周囲が目をむくような大ボラを吹いて、夢を形にしていく。そして、自分にできる最大限の努力を続ける。そうすれば運がついてきてくれることは、私が実証済みである。

第2章

「ユーモアを言える余裕」が運を招く

「ユーモア」は相手との距離を一気に縮めて、運も呼ぶ

運というものは、人の縁と密接な関係を持っている。たとえば、新しい仕事を得たり、危機を乗り切る有力な手掛かりを見つけたりすることは、「人を介して」ということが少なくない。つまり、たくさんの人との縁があるほど、人生を切り拓くチャンスにも恵まれるということだ。

しかし、ただ縁があるだけではダメだ。この人なら信頼できるとか、この人のためなら何とかしようといったことを思わせるものが、その人に備わっていなくては、いい縁にはならない。

縁には一期一会のものもたくさんあるが、できればずっと続く、いい縁にしたほうがいい。

運は縁によって運ばれてくるものでもあるから、人から好かれることはとても大事である。

では、好かれる条件とは何か。それはユーモアと謙虚さである。コミュニケーションにおいて私が心がけているのは、会話のなかにユーモアを入れることだ。私のユーモアのセンスは、人と喋るときはできるだけ相手を楽しませようとする姿勢によって磨かれたのだろう。これまでユーモアがどれほど人との縁を深くし、たくさんのチャンスをもたらしてくれたか、その恩恵は計り知れない。

旧・ソビエト連邦（現・ロシア連邦）の時代、私が同国に出張したときのことである。当時は計画経済の社会である。あるときテープレコーダーを500万台つくる案が検討されているという情報を得て、それに搭載するモーターの注文を取るべく、商談に出かけたことがあった。

ひとしきり雑談をして本題に入ろうとすると、向こうは「今晩ウォッカを飲みながら、ゆっくり話をしよう」と言う。雑談のさなかに、私のことを面白いやつだと見込んでくれたのかもしれない。商談を詰める意思があるときに、ロシアでは食事をともにすることが多いからだ。

食事の席では7、8人でテーブルを囲み、ウォッカを飲みながら、一人ずつ小話を披露しようということになった。

私が事前に仕込んでおいた小話をいくつか披露すると、大きな体を笑いで揺らせ、「お前は本当に日本人か？」と嬉しそうに聞いてくる。きっと彼らにとっての日本人のイメージは、真面目で堅いというものなのだろう。

私を気に入ってくれたのか、彼らは「よしわかった、５００万台の注文はすべて君の会社にしよう」と最後に言ってくれた。

海外での商談は、咄嗟《とっさ》のユーモアが潤滑油となってうまく進んだという経験が少なくない。

あるとき、タイへ商談に行った際のことだ。そのときは政府がらみの仕事だったので、胸に勲章をいっぱいつけた軍のトップと会ったのだが、最初の挨拶で「閣下、ものすごく男前ですな」と言ったら、途端に硬かった面持ちがやわらぎ、上機嫌になって話がトントン拍子に進んだ。

私の性格を知っている通訳者からは、「軍のトップですから、へんな冗談とか言わないでくださいね」と事前に釘を刺されていたのだが、このくらいはいいだろうと発したひと言が功を奏したのである。

ユーモアによって相手との距離が縮まっていい関係性ができ、新しい仕事につながったことは、枚挙にいとまがない。

日本人は仕事関係者と食事をするときなどフォーマルな席ではあまりユーモアを出さないが、相手との縁を深めようとする際には、とても重要な役割を果たすということを、もっと認識すべきである。

ユーモアまじりの「雑談力」を身につける

私は仕事で海外によく出かけるが、その先々で日本人についてどう思うかと聞くと、彼らが返してくる答えは、だいたい似通っている。「勤勉で真面目、だけど面白味がない」というのだ。

一緒に食事をしていても、仕事に関することには饒舌《じょうぜつ》だが、それ以外の話ができないからつまらないとさえ言う。

世界中のビジネスパーソンと話をしていて痛感するのは、日本人には雑談力が欠けているということだ。日本人に雑談力があれば、日本企業の海外におけるビジネスは、もっと成功しているはずだ。


雑談力とは、人間関係を円滑にするコミュニケーション術である。雑談力があれば、相手の心をつかみ、ときに本音を引き出し、互いの距離を縮めることができる。仕事を成功させる上で雑談が担っている役割は小さくないのだ。

また商談では、関係する仕事の話だけをしていればいいというものではない。商談が成立すれば、そこからつき合いが生じることになる。冗談も言えないような、つまらない相手とずっとつき合いたいとは誰も思わないだろう。

たとえば顧客との商談において、いきなり本題から入る人はいないだろう。まずは場を温めるために天気や相手の名前、服装など当たり障りのない雑談をするはずだ。

とくに初対面であればお互い警戒心があるから、それを雑談によってほぐす必要がある。落語には本筋に入る前に小咄《こばなし》を語る「枕」というものがあるが、本題に入る前の雑談は、この枕だと思ってもらえばいい。雑談力があれば、相手の心を素早くつかみ、本題の話し合いを滑らかなものにしてくれるのだ。

ちなみに日本電産では私が出席する会議は、半分くらいが雑談である。1時間の会議であれば、30分が雑談だ。雑談といっても基本、仕事にまつわるものである。

会議はできるだけ短いほうがいいと考えているビジネスパーソンからすれば無駄に感じるかもしれないが、この雑談から実は有益なアイデアが生まれたりするのだ。

たとえば、１９８３年に精密小型モーターの市場で主流だったフロッピーディスク・ドライブ用モーターから撤退し、コンピューターに搭載するハードディスク・ドライブ用モーターの開発・製造にすべての経営資源を集中させたことは、その後の急成長へとつながったが、この戦略方針は、まさに雑談から生まれたものだ。

すでに根回しで決まっているようなことを議題に取り上げ、形式的な会議をするくらいなら、思い切って雑談を取り入れた会議をするほうが、よほど実りがあると私は確信している。

理容室で雑談のネタを仕込んで備える

海外で商談相手と会食をすると、アメリカ人は冗談をよく言うし、ヨーロッパの人間は文化や歴史といった教養をうかがわせるような話をよくする。場をいかに楽しくするかという術《すべ》を心得ているのだ。

それに比べて、日本人は話が下手でつまらないと感じることがよくある。仕事に関する堅い話ばかりになったり、下を向いて食べることばかりに集中したり、たまに饒舌に喋るかと思うと、テレビで報じられているような誰もが知っている時事ネタを繰り返しているだけだったりする。笑いを取ったり、相手を楽しい気持ちにさせる工夫や努力がほとんど感じられないのだ。

私の場合、会話では、まず笑いから入ることが多い。笑わせて聞く人の気持ちをつかみ、それから「ほーっ、なるほど」という感心や「へーっ」という驚きを織り交ぜる。

たとえば20分の持ち時間でスピーチをするなら、笑い、驚き、感心のいずれかを5分に一度は挟むように進めるのだ。

話のネタは、常日頃からアンテナを立て、鮮度のいいものを仕込んでおかなければいけない。身の回りで起こることから、新聞、テレビ、雑誌、人から聞いた話、あらゆるもののなかにネタは転がっている。

私は理容室に行くときは、いつも女性週刊誌を読むことにしている。おかげで俳優の不倫騒動など芸能界のゴシップ情報などにはけっこう詳しい。「何でこんなこと知っているんですか？」と驚かれることもあるくらいだ。

家庭もネタの宝庫だ。こんな失敗をして家族から爆笑されたとか、妻の前では借りてきた猫のようになってしまうとか、ユーモラスに話せるものがけっこうあるものだ。ネタは他愛もないもので、まったくかまわないのである。

アメリカのトランプ前大統領が来日したとき、私を含めて20人ほどの財界人が懇談会に招待されたことがあった。そこで私は、こんなスピーチを披露した。

「戦後、ものがないときにアメリカからいただいた粉ミルクを飲んで育ちました。みんなが臭いと言って飲まない分まで飲んだら、こんなに大きくなりました。その御恩返しにアメリカで商売をしようと思い、その夢をかなえたのです」

そう話すや、トランプ前大統領は声を上げ、愉快そうに笑っていた。招待されたほかの人はもっぱらビジネスの話をしていたから、なおさら印象に残ったのだろう。トランプ前大統領は「あんな日本人もいるのか」と感心していたらしい。


私は芸人の明石家さんまさんが好きなのだが、あの雑談の能力は、それこそ天下一品だといえる。彼は自分が出た番組をすべて録画していて、見返して研究するそうだ。そこで自分が笑えない箇所があれば反省したり、このツッコミはよかったと自分をほめたりして振り返るという。

雑談力に自信がない人は、一度自分が喋っているところを録音して聞くようにし、どこがよくないのか研究してみるといい。

雑談力を磨くことは、結果的にはその人の可能性を拓くことにつながる。たかが雑談と侮《あなど》ってはならないのである。

叱った後は、ユーモアを交えて話しかける

私は海外に赴任している駐在員に、よく電話をする。日本人が誰もいないようなところでがんばっている駐在員も少なくなく、彼らはたった一人で市場を開拓する困難と孤独を抱えていたりする。だからこそ、会社はいつも君のことをちゃんと見守っているぞ、というメッセージでもって勇気づけるのである。

ただ上司や同僚といった多くの目に常に見られている国内での勤務とは違い、海外赴任は条件にもよるが、ややもすると緊張感を失い、自分の楽なペースで仕事を進めてしまいかねないところもある。

ずいぶん前になるが、外国に赴任していた二人の若手駐在員の仕事ぶりがたるみ切っているという報告があったので、帰国させて呼び出したことがある。

二人はなぜ呼び出されたのかわかっているので、緊張した面持ちで部屋に入ってくる。

私は手元にあるデータを突きつけながら、厳しく叱りつけた。そして、「会社は君たちのような社員がいなくても困らん。せっかく日本に帰ってきたんだから明日から３日間の休みをやる。その間に頭を冷やしてよく考えろ」と言い渡した。

そのうちの一人は、その日に同期の親しい人間と飲みに行くことがわかっていたので、その同期の者を呼んで、「だいぶ強く叱ったけど、あいつは見込みありそうだ」と耳打ちをしておく。案の定、３日後に彼は「すみませんでした。反省して心を入れかえてがんばります」と謝ってきた。

ところが、こちらとは対照的な性格のもう一人は、退職願を持ってやってきた。彼は、まだ私の考えが十分理解できていないようだ。そう思いながら、「相変わらず字が下手だなあ。もっと丁寧に書けんのか」とまたしても叱りつけた。

「もう辞めるんですから、そんなこと今さら言ってもらわなくても結構です」

「誰が辞めていいと許可した？」

「いや、この前社長が辞めろと……」

「いなくても困らないとは言ったが、辞めろとは言ってない」

ひとしきりそんなやり取りをすると、「こんな下手くそな字、何書いてあるかわからんから、書き直してこい」と言って、私は退職願を破り捨てた。

普通なら、次の日は出てこないだろう。しかし律儀にも彼は、もう一度退職願を持ってやってきた。下手な字に違いはなかったが、丁寧に一生懸命書いていることはひと目でわかる。

「俺はこれがほしかったんだ。昨日のは、どうせ辞めるんだからといういいかげんな気持ちで書いてあった。そんな気持ちで仕事をしていたから、評判を下げたんだ」と時間をかけて諭していく。部屋から出るときにはお互い手を握り合い、彼は涙を流していた。

彼が海外の赴任地に戻ると、すぐに電話を入れた。

開口一番「なんだ、まだ辞めてないのか」と冗談まじりの挨拶をしてから、仕事の話を延々とする。そして「早く辞めろよ。でも、本当に辞めたら困るからな」と言って電話を切った。その後、彼の仕事への姿勢はがらりと変わり、実にいい成果を上げてくれるようになった。

厳しく叱るときは、ひたすら厳しいだけで終わってはダメだ。そのような叱り方では信頼関係ができていなければ、やる気を損ねてしまう。そして、最後はユーモアを交えてフォローすることが必要だ。ユーモアは叱られるほうも叱るほうも、ともに救ってくれるのである。

「人の名前」や「メールの返信」にも手を抜かない

相手の名前を覚え、名前を呼んでコミュニケーションをはかる。このことは良好な人間関係を築く上で大事なことである。名前で呼ぶと、それだけで相手との距離が一気に縮まるからだ。

私の頭には社員や取引先をはじめ数えきれないほどの名前が入っている。携帯電話がない時代は、それこそ1000人くらいの電話番号を空で覚えていたので、記憶力はいいほうなのだろう。

名前を覚えるコツは、その人の特徴をつかんで、名前とからめて覚えることだ。たとえば眉毛が太くて長身だとか、俳優の誰それに似ているなど、人には必ず何らかの特徴があるので、そこにフォーカスして名前とセットで頭に刻むのである。

今は社員数が多くて無理だが、以前は社員全員の名前を覚えていた。年賀状も全社員に送り、相手に合わせた文章をひと言ずつ書き添えていた。「この間の君の髪型はよくなかったので、変えたほうがいい」などとユーモアを交えることで、私なりの愛情表現をしていた。またボーナス時には自筆の手紙をつけて仕事ぶりをほめるなど、できる限り一対一で向かい合おうとしていた。

毎日３００通以上ものメールが届くが、そのうち２００通近くは返信する。

それだけのメールの数があれば事務的に返信してもよさそうなものだが、私はなるべくそうしないようにしている。

従業員の顔を思い浮かべながら、「ようがんばってくれたな、おおきに」といった具合に、京都弁を織り交ぜた文章を送るのだ。

件名にも、ひと工夫入れる。ただ「Re:」をつけて返すだけでは素っ気ない。できれば社員の心に引っかかるものにしたい。業績をほめたいときは、「珍しいことなので天候が荒れるぞ」というユーモアをこめて、「大嵐が来るぞ」と書いたりするのである。

土日には、国内外のグループ会社と事業所の工場、研究所、営業所の責任者から送られてくる週次報告書に目を通すのが日課だ。膨大な数になるが、一つひとつメールで返事をする。

メールの返信なんて些細なことかもしれないが、そういった細部に神は宿るのである。

「謙虚さ」を欠くと、運から見放される

運とユーモアの関係について話をしたが、運を呼ぶもう一つの要素である「謙虚さ」についても触れておこう。

京都一の高さを誇る日本電産本社ビル1階のロビーに、周りにまるでそぐわない古い小さなプレハブ小屋が置かれている。創業当時に事務所兼作業場にしていた建物を、そのまま移築したものである。中には当時つくったモーターや設計図面、計測機器などの

ほか、自社製品の変遷や創業当時の写真等が展示してある。

私は難しい問題にぶち当たったり、プレッシャーで心が押しつぶされそうになったりすると、懐かしいこのプレハブ小屋を訪ねて、中でしばし佇《たたず》む。夢と情熱以外何も持っていなかった創業時の自分に戻って心を落ち着かせ、新たなエネルギーを充電するのだ。

「社会に役立つ仕事をしよう」「独自の製品をつくって世界でトップの会社になろう」……瞑目《めいもく》しながら初めに抱いた志を思い返し、経営者としての原点を確認する。そうしているうちに、「大丈夫だ、必ずうまくいく」という勇気がわいてくるのだ。

プレハブ小屋は、何も持っていなかったゼロの自分に戻る象徴的な場所である。それは、いつも自分の心の中にもある。この出発点を忘れずにいるからこそ、私は慢心に溺《おぼ》れることなく、ここまでやってこられたのだと思っている。

慢心は恐い。人間は驕《おご》ると、必ずどこかで躓《つまず》く。慢心とはいってみれば、己に負けることだ。自分が信じた道をしっかりと歩み続けるには、それを妨げる慢心や驕りがあってはならないのだ。

私ががんばってこられた源には、負けてたまるかという「何くそ精神」がある。貧しい片田舎の農家に生まれ、貧しさゆえに進学も限られ、零細企業ゆえに銀行や取引先からさんざん甘く見られ……といった数々の経験が「何くそ精神」を生み、私を強くしていった。

創業して10年ほどの間は、何かあると「なめやがって……今に見てろ」という言葉がよく口をついて出た。その頃は京都の会社を、大きな順番に並べて書いた紙を部屋にでかでかと貼り、我が社が追い抜くと、太い赤マジックペンで力強く消していった。

ある会社の社長に「おたくをそのうち抜きますから」と告げて、烈火のごとく怒られたこともある。

だが、「何くそ精神」によって、自分を見下した者を抜いたときに「どうだ！　俺の力を思い知ったか！」という驕りの気持ちが芽生えたりもする。驕りを持ち続ければ、眼は次第に曇《くも》っていき、いつの間にか裸の王様になってしまうこともあるだろう。

でも、私がそうならなかったのには二つの理由がある。一つは「こういう会社にしたい」という純粋な志を強く持ち続けていたこと。もう一つは、うまくいっても「まだまだだ。もっともっと先がある」という「まだまだ精神」が常にあったことだ。この二つがあったからこそ、私は慢心に陥らずに済んだのだろう。

人は偉くなると、すぐに驕る生き物だ。政治家などは選挙のときはペコペコするが、当選すると途端に偉そうになる。人は偉くなったからといって、威張っているようではダメだ。そんな人間は、しょせん二流である。

私が学生時代の同級生にたまに電話をすると、「お前は偉くなったから、気楽に電話もできんわ」と愚痴られたりするが、私は昔のままである。しばらく言葉を交わしていると、「重《しげ》やんも変わらんな」としみじみした口調で言われたりする。

「人間は謙虚であらねばならない」とみな知っているが、実際は容易なことではない。会社で出世したりして偉くなっていくと、周りがちやほやし出すから、自分はすごい人間なのだと勘違いしてしまうのだろう。しかし悲しいかな、勘違いした時点で、その人間の成長はピタッと止まる。

謙虚であり続けるためには、「驕っていないか」「慢心していないか」と、常に自分自身を戒める習慣をつけなくてはならない。謙虚な気持ちでいることができれば、人は必ず力を貸してくれる。

謙虚に生きていれば、人とのいい縁も生まれる。運をつかむ上で謙虚であることは、絶対の条件なのだ。

欠点があるから、替えがきかない人材になれる

「我が社の株に不満があるなら買わなければいい。この会場を出たら、すぐにでも売ってください！」

先の株主総会で日本電産の株価について突っ込んだ質問をされたとき、私はそう言い放った。この発言はネットメディアの経済ニュースですぐ取り上げられたが、感情的な物言いになったのは、会社の見通しについて現実的な裏づけを持つ強い自信があったからにほかならない。

日本電産は創業時に売上高1兆円という、とんでもない目標を立ててそれを達成し、

今度は10兆円という夢のような目標に向かって走っている。我が社の株は、できればそんな成長を温かく見守ってくれるような投資家に長期にわたって保有してもらいたい。数日、数週間、数カ月という短い期間で売買されるよりは、少なくとも数年単位で見てくれるような株主に持ってもらいたい。「パブリック・カンパニー」だから、こちらは株主を選べないが、投資家は会社を選べる。不満があれば持たなければいい……。

目先の株価ばかりにこだわって詰問してくる株主に対し、そんな思いが私の中で、こみ上げてきたのである。

件の発言に対してはその後、多くの株主からも批判的な内容のメールをたくさんいただいた。

だが、同じ質問がもう一度繰り返されたら、きっとまた同じように言ってしまう。それが私という人間だからだ。いい人間だと思ってもらいたいがゆえに、心にもないことを言うことは、私にはできない。

私は喜怒哀楽の感情表現がはっきりしていると、人からよく言われる。常に何事にも真剣だから、そうなるのだろう。嬉しいときは心底喜び、悲しいときは思いっ切り涙を流す。だが、周りの人には「怒」の印象がことに強く残るらしい。

たしかにこれは、ちょっとした欠点といえなくもないが、怒りの感情を取り去ってしまったら、私ではなくなってしまう。

創業以来、ずっと私と伴走してきた小部《こべ》博志社長などは、私にこれまで何千回と叱られている。ここまでくれば当人にとっては、ふだんの挨拶と変わらない感覚かもしれない。長年一緒にやってきた社員で、私に叱られていない者は、おそらく一人としていないはずだ。

怒るのは、いつも緊張感を持って全身全霊で仕事に取り組んでいるからこそだ。怒りは仕事に対する熱情の強さと対《つい》になっているわけで、仮に私に怒りの感情がなければ、日本電産がここまで成長することはなかっただろう。

人の欠点というのは、料理に喩えると塩・醤油などの調味料やスパイスの役目を果たしているところがある。

塩を利かせる料理に塩が入っていなければ、その料理は成り立たない。スパイスが十分に入っていないカレーは風味が出ない。塩もスパイスもそれぞれ単独では食べられないが、ほかのものと混ざり合うことで力を発揮する。

個性というものは、欠点を活かしてこそ魅力あるものになる。個性は、長所というよりは短所なのだ。欠点があるからこそ、また長所もいっそう際立つ。欠点だからと単純に否定してしまうのではなく、反対にどう活かせばいいのかを考えたほうがいい。そこに気づいたとき、欠点は大きな武器になるはずだ。

これからは個性の時代である。頭の回転が速く、素直で人当たりもよいといった欠点の少ない人を個性的だとは言わない。会社組織は往々にしてそのようなタイプを好むが、金太郎飴みたいにどこを切っても同じような人間ばかりだと、会社の行く末が見えてしまう。金太郎飴人間の集団は、同じ方向にみんなで進むときは強いが、環境が変化すれば立ちどころに弱点をさらけ出す。

性格も考え方もみな違う異質なもの同士が集まった、多様性に富んだ組織ほど、柔軟で変化に強い。だからこそ欠点を削いで没個性に仕立てるより、欠点を含めた個性をいかに伸ばすかが、とても大切なのである。

批判や悪口も「成長の糧」とする

最近、週刊誌で何度か私のことが取り上げられた。読めば日本電産の社長交代劇にからめて、私への批判が一方的な視点で書かれている。

最初から批判に終始することを意図してつくられた記事なのだろう、こちらへの取材は一切なしだ。

あるときもそういう記事が出たことがあった。書いた記者のことは、かなり昔から知っている。

そこで記事を読み終えてから、早速その記者に電話を入れてみた。当人はまさか批判した相手が直接電話してくるとは思っていなかったのだろう、けっこう驚いているようだった。

「君も落ちたものだな。しかし生活のためにこんな記事を書かないといけないのだろうから、どんどん書いたらいい。ネタがなくなったら爆弾発言でも何でもしてあげるから、いつでも電話してきなさい」とブラックユーモアを交えて伝えたが、その記者からはその後、音沙汰がない。

週刊誌は、基本的に人の悪口や批判で成り立っている媒体だ。著名人のゴシップをウリにした週刊誌がなぜ好まれるかというと、人は本能的に悪口が好きだからである。もし週刊誌が、この人はこんなに立派な人です、こんなにすばらしい行いをしています、みたいな内容の記事ばかりであれば、まったく売れないだろう。

残念ながら人間は、そうありたいと願いながらも、常に聖人君子然としていては生きられない。どんな人であろうと、恨みや嫉妬、軽蔑といった負の感情をどこかに持っている。週刊誌は、そんな感情の受け皿になっているのである。

もちろん人の悪口は、できれば言わないほうがいい。悪口は、それを言っている人の評価も下げるし、回り回って言われた当人の耳に入らないとも限らない。ところが、そんなことがわかっていても、つい言ってしまうのが悪口だ。

私自身は批判や悪口を受けても、さして気にはならない。ときには瞬間的に腹が立つこともあるが、むしろこんなふうに人は見るのか、世の中いろいろな見方があるものだなと感心したりする。

事実とは違って、とんでもない誤解をされていることもあるが、そんなときは相手が何も言えなくなるような結果を出し、実際はそうではないことを証明してやろうという気持ちになる。つまり、いい意味で発奮《はっぷん》材料になるのだ。

悪口というのはとらえ方によっては、自分を成長させる反面教師的な役割を果たしてくれるのである。

最近、京都で一番の料理屋を訪ねたら、そこの女将《おかみ》に「永守さん、ついに一番にならはりましたね」と開口一番に言われた。「何が？」と問い返すと、「これまでは稲盛和夫さんが京都で一番悪口を言われてはりましたが、今は永守さんです」と言う。

稲盛さんは私が創業以来、ずっと目標にしてきた非常に尊敬する大経営者である。もちろん私だけでなく、実に多くの人が、その図抜けた経営の才覚と高潔な人格を熱く敬《うやま》い、慕っている。その稲盛さんにして、悪口は避けられないのだ。

だから私は毀誉褒貶《きよほうへん》を気にすることはないし、ある意味悪口をたくさん言われるということは、勲章をいただいているようなものかもしれない。そう考えて、これからも批判や悪口はありがたく頂戴するつもりである。

建前をやめると、人生が濃厚になる

日本人は本音と建前のダブルスタンダードを持つとよく言われるが、私の場合は建前というものがなく、本音ベースで生きている。

思ったことを何でも言ってしまうから、言葉が少々強くなってしまうところもあるが、裏表がない分、人間関係がややこしくねじれて尾を引くこともないし、ストレスもたまらない。

本音で生きていると、恰好もつけないし、素の実力だけで勝負する姿勢になる。自分を底上げしたり、ごまかしたりしないから、おのずと努力の仕方も真剣になる。根回しや調整といったことを飛ばして、単刀直入にコミュニケーションをとるので、仕事のスピードも速くなる。

さらに本音でものを見て、人と向き合い、考え、行動するから、仕事をする上で重要な感性も磨かれる。本音で生きていくのは、事程左様にいいことだらけだ。

ただし、人に対して本音で喋ることには、ある程度注意が必要だ。私は取引先にも本音でちょっときつい冗談を言ったりするが、これと同じことをほかの人間が下手にやったら、関係がこじれることもあるかもしれない。だから周りの幹部社員には、私の真似はするなよと言っている。

たまに、ちょっとこれは言いすぎたかなというときもあり、そんなときは〝謝罪の名人〟ともいうべき幹部社員に後からちゃんとフォローしてもらっている。

会社を始めてから、まだそれほど年数も経っていない頃、一度こんなことがあった。

取引先の大きな会社の副社長の講演会があるというので聞きに行ったところ、その話がさっぱりわからない。周りを見渡すと、みなフムフムとわかったふうな顔をして聞き入っている。そこで、もう一度注意深く聞いてみるのだが、やはりいっこうに頭に入ってこない。

その後に開かれた懇親会で副社長と話す機会があったので、「講演会のお話は何をおっしゃりたかったのか、さっぱり理解できませんでした」とつい正直に言ってしまったのだ。

すると副社長は「君の会社とはもう取引はしない」と顔を真っ赤にして怒り出してしまい、こちらがいくら謝っても、取りつく島もない。

翌日にあらためて謝罪をしようと、その会社に出向いたものの、秘書は「副社長は会わないと申しておりますので」といっこうに取り次いでくれない。そこで仕方なく副社長がいる部屋へ勝手にずかずかと入っていき、平謝りに謝った上で、こう続けたのである。

「昨日の副社長の話は、社長さんもわからないと言われていたし、出席者のほとんどがわからなかったようです。それをわかったと言ったら嘘になるでしょう。副社長は本の中で、これからの日本はベンチャーの時代、そんな動きを積極的に応援していきたいと書かれていましたが、私を出入り禁止にするとは、本に書かれたことは嘘なんですか？副社長のような立派な方がこんなことで日本電産と取引をしないと言われてよろしいんでしょうか？　私がどうしても気に入らないとおっしゃるのなら、お取引していただく必要はありません。ただその場合はひと言だけ申し上げたい。貴社にとっては大きなマイナスになります……」

ここまでひと息に喋ると、副社長の強張った表情が突然ほどけ、アハハと笑い出したのである。責める調子でもない私の言い方には関西弁独特のユーモアのリズムがあって、真剣に怒っていることがバカバカしく感じられたのだろう。この一連の騒動は、かくして笑い話となったのである。

私が本音で多少キツいことを言っても許されているとすれば、それは私という人間を全体で見てくれているからだろう。

若い世代を見ていると、昔に比べて当たり障りのない無難なタイプが増えたと感じることがある。人間関係を無難にこなすために、誰からも「いい人」に見られておきたいという気持ちが強いのだろう。

しかし、そんなオブラートに包まれた建前だけの生き方では、表面的で薄っぺらな人生しか送れないと私は考えている。

もっと本音で語り、素で生きる。そんな状態でいられる時間が増えれば、人生も仕事もより充実し、そして濃厚になるはずだ。

第3章

誰も気にしないほどの「細部」にこだわる

同じ色のネクタイが２０００本ある理由

私はネクタイを２０００本近く持っている。それも、すべて緑色だ。九星術《きゅうせいじゅつ》によると、緑は私にとってラッキーカラーなのだ。

九星術とは、生まれた年月日の九星と干支、五行を組み合わせた古代中国より伝わる占術である。私は１９４４年生まれなので「二《じ》黒《こく》土《ど》星《せい》」という星回りに当たる。この星の下に生まれた人は、豊かな実りを生む「土」の資質を持つといわれている。種をまかれた栄養豊かな土からは、樹木や草といった「緑」が生き生きと育つ。それゆえ緑なのだ。

験がよいものは、たくさん集めて持っておきたい。私が緑色のネクタイをいつも好んでつけているのを見た人から、プレゼントとしていただいたものも相当数ある。行きつけのデパートには、緑のネクタイが入荷されたらすぐ送ってくれと頼んである。その結果が２０００本である。

それらのネクタイは、すぐ選べるようにガラス張りの収納棚に１番から順番に番号を振って並べている。色は同じでも、デザインも柄も幅も形もみな違う。だから、どうしても気に入ったものを頻繁に身につけるなど、使用頻度は偏ってしまう。

そのなかからよく手に取るネクタイは、およそ２００本といったところだろうか。今日は大きな商談があるという日は、とりわけ気に入っている勝負ネクタイを選び出し、いつもより少し強めにギュッと締めて家を出る。

同じ色のネクタイが２０００本もあると聞くと、変わった人だなと思われるかもしれない。しかし、自分にとって験がいいものは、いくらあってもいいと思っている。ネクタイ以外にも、名刺入れ、カバン、カフスボタンなども、すべて緑で統一している。日本電産のコーポレート・カラーも緑だ。

自分にとって験のいいラッキーカラーを身につけたり、周りに置いたりしておくと、それだけで気分がいい。気持ちがよければ、仕事への意欲もいっそう高まるのは当然のことだ。

いいと思うものは、一途といってよいほど信じる。おかしな宗教を信じたりするつもりはないが、験を担ぐような類であれば、いくらそうしてもいいと私は考えている。

運気の流れを引き込む「方角」にこだわる

私が験を担ぐものには「方角」もある。運気の流れは方角とも関係しているからだ。

たとえば私は、寝るときは枕を南にしている。妻は反対に北枕のほうがいいといって、頭を北向きにして寝ている。つまり夫婦は寝室で、お互い逆さまに向いて寝ているわけだ。傍から見れば、きっとおかしな光景だろう。

出張でホテルに泊まるときも、南を頭にして寝る習慣は変えない。予約の際にはできるだけ南枕の部屋を取るようにしているし、もしベッドの向きがそうなっていなければ、わざわざベッドを動かして向きを変えている。常連になっているホテルはそのことを知っていて、宿泊する際には事前にベッドの向きを変えてくれるから、いつも感謝している。

なぜ南の方角にこだわるかといえば、私が太陽を好きなこととも関係している。南は太陽の光がもっとも強く射し込んでくる方角である。太陽は生命エネルギーの源であり、太陽の光を浴びることは、生きる力をいただくことである。私が好きな「緑」を育む力でもある。

だから、会社でも家でも、私の机は太陽の光がたくさん入ってくる南向きに置いている。グループ会社にある私の机も、すべて東か南に向いている。

大学を出てから勤めていた会社では、刻々と変わる日の向きに合わせて机の位置を変えていたので、「ひまわりくん」というあだ名をもらったほどだ。

住宅でもビルでも、玄関の方角は南向きか東向きがいい。日本電産の本社ビルの玄関は、東に向いている。

方角というものを軽んじるべきではないのである。

月に一度の神社への参拝で心を清める

私は月に一度、朝早くに九頭竜大社にお参りする。この習慣は初めてお参りして以来、一度も欠かしたことがない。

そこでは自分の決意を述べるだけである。今度こういう会社を買って再建させますとか、こんな事業を始めるので成功させますなど、心の内にある決意を聞いていただくのだ。決して「どうかうまくいきますように」と願いをかけるようなことはしない。

神頼みでうまくいくなら、神様にお願いする人はみなうまくいくはずだが、そんなことはない。私にとって神社は、純粋な気持ちで仕事に向かうことを誓ったり、これからの決意や覚悟を再確認したりするための場所なのだ。

京都にはたくさんの神社があるが、お参りするのはこの九頭竜大社だけである。神様においても一途であるべきで、浮気しないほうがいいのだ。

拝殿で手を合わせた後は、必ずおみくじを引くことにしている。それがまたズバリ、そのときどきの心境に刺さるのである。あまりにも当たるので50年以上もお参りを続けているといってもいい。だから、おみくじを引くときは緊張する。

調子に乗って有頂天になっているときは、「驕るなかれ」と慢心を戒めることが書かれていたり、問題を抱えて壁にぶつかっているときは、「もう少し辛抱すれば、好転の兆しが見えてくる」と励ましてくれたりする。

月に一度のお参りにより、私は毎月、初心に戻ることができているのである。

運がほしければ、運が集まっている場所に行くといい

テレビの相撲中継を見ていると、花道を歩く相撲取りの体を観客が嬉しそうに触ったり、叩いたりする光景をよく目にする。相撲というのは本来神事であり、その神事をつかさどる超人的な力を持った相撲取りに触れるのは縁起がいいということらしい。

もっとも真剣勝負に臨もうと集中力を高めている相撲取りからすれば、体をぺたぺた触られるのはたまったものではないだろう。

以前、ぜひ採用したいと思った優秀な人材がいた。ところがなかなか受諾の返事をくれない。理由を尋ねたところ、「実はあるベンチャー企業からお誘いの話があり、迷っているのです」と言う。そのベンチャー企業の社長から「日本電産なんか、やめておきなさい。当社が世界をアッと言わせる大きな企業になった暁には買収しますから」と熱く語られたというのだ。

日本電産を買収すると言っているのは、いったいどこの会社なのか。言い渋っていた

その青年の口からようやく出てきたのは、なんと我が息子が経営するベンチャー企業の名前であった。

その息子は半ば冗談で、私と握手すると「運を吸い取られる」と言って握手を拒むが、運がほしければ運を持っている人と縁を持ったり、運が集まっている場所に行くといいのは事実である。

たとえば運を持っている人と一緒に仕事をしたり、運の流れに乗ってぐんぐん伸びている会社で働けば、おのずと運が回ってくる可能性は高いだろう。

先頃日本電産の新社長に就任した小部博志は創業時からのメンバーであり、大番頭として日本電産をずっと支えてきた人物である。大学の後輩であり、そのつき合いは妻よりも長い。

会社をつくったとき、私は小部ら３人の社員を前に将来売上高１兆円の会社にするぞと宣言したが、彼はそんな大ボラに半分あきれながらも、辛抱強くずっとついてきてくれた。私とともに血のにじむような努力を重ねて、今日までともにやってきた。

彼は自分でも言っているが、強いリーダーシップでぐいぐい社員を引っ張っていくようなタイプではない。だが、今回社長を引き受けてほしいと依頼したのは、彼が日本電産の文化や価値観といったものを、細部にわたるまで隈なく吸収し尽くし、それを全身で体現している存在だからだ。

企業の文化や価値観といったものは、その企業にとって言わば背骨である。日本電産はこの背骨をたくましくすることで、ここまで成長してきた。さらなる飛躍に向かうには、もう一度原点をしっかり確認する必要がある。その大きな責務を担う中核として、彼は最適任なのだ。

もし彼が私と出会わず、従って日本電産という会社と縁がなかったのなら、売上高2兆円近くの企業の社長などにはなっていなかっただろう。社長になったのは、もちろん本人の途方もない努力もあるが、同時に会社が持つ運気に恵まれたからともいえる。

運は、自家発電のように自力でひたすらつくり出すだけでなく、運を持っている人間や運が集まっている場所に赴くことでもつかめることがある。

もちろん縁ができても、そこでちゃんと努力をしなければ、運はすぐにすり抜けて、どこかに逃げてしまうことは言うまでもない。

転職した5つの会社がすべてつぶれた人の運命

とある有名な会社の社長は採用試験のとき、運がいい人を採用するという話を聞いたことがある。面接のときに「あなたは自分で運がいいと思いますか？」と聞くのだそうだ。きっと運気のよい人がたくさん集まれば、会社の運気もよくなるという理屈なのだろう。

私は採用試験の面接で、この人は運がよさそうかどうかなどということにはとりたてて関心を向けない。それよりは、会社に入ってから真面目に努力できそうかどうかを大事な判断基準にしている。

以前、面接を受けに来た人の履歴書を見て、思わず「へぇ〜」と驚いたことがある。それまでに5つの会社を経ているが、どの会社ももれなく倒産していたからだ。1、2社つぶれたというならまだしも、5社すべてはかなり稀だろう。これを「運が悪い」と言わずして何と表現できようか。

人事部長は、「この人を採ったら、うちもつぶれるんじゃないですか？　やめときましょう」と言ったが、私は「いや、うちは一人のよくない運気なんかに負ける会社ではない」と採用を決めた。それだけの苦労や挫折をしてきたからこそ、その経験をうちで活かそうとするのではないか。そんな思いもあった。

結局、その人はその後転職もせず、定年までしっかり勤め上げてくれた。会社が強い運気に乗っていれば、一人の悪い運気に影響を受けることはないのだ。むしろ、その人の悪い運気の流れを変えてしまったりもする。

前にも触れたが、私の母親は小さい頃からよく私の手相を見ては、「お前の手相は珍しい。きっと強運の人生だよ」といつも言ってくれた。「ますかけ」といって、豊臣秀吉や徳川家康と同じ手相らしい。

母のその言葉は私に強く刷り込まれ、俺は運が強いんだ、がんばれば必ず夢を実現させることができる、と信じ込んだ。思い込みといえば思い込みだが、自分を信じて疑わない。これもまた、運気を呼び寄せる上で大事なことである。

「変化」に鈍感な人は「運」をも逃す

「脱皮しない蛇は死ぬ」と言われるが、時代の変化に取り残された企業を待ち受けるものは、死である。今ほど変化の激しい時代は、かつて例がない。起こる変化に合わせて姿を変えていこうという待ちの姿勢では、あっという間に時代に追いつけなくなるだろう。目に見える大きな変化が表れてから行動するのでは、もう遅いのだ。

変化の予兆がわずかでもあれば、それを誰よりも早くとらえ、準備をしなければ、たちどころに「脱皮できない蛇」になりかねない。経営者にとって、これほど緊張感を強いられる時代はない。

朝令暮改という言葉はよくない意味で使われるが、私は時を置かず考え方を変えることは、まったく問題ないと考えている。むしろ、そのくらいの柔軟性があったほうがいい。

朝令暮改を積極的によしとするくらいの感覚でないと、変化が凄まじい今の時代にはついていけないのだ。このことは企業のみならず、個人の生き方においてもそうだろう。

その一方で、変えてはいけないものもある。私にとって、それは会社経営の基本方針であり、理念だ。これだけは一貫して変わらないし、これからも当然変えるつもりはない。

経営の基本方針や理念といったものは、会社を根底から支え続ける柱なのだ。朝令暮改というのは、あくまでもそのような中心軸を保った上で行うべきである。

人も会社も変化する。そこには自然と変化する部分もあれば、意識的に変えていかなくてはいけないものもある。

日本電産も、これまで幾度も新たな成長に向けて事業構造を変えてきた。創業して11年目の１９８３年には、それまでの主力製品だったフロッピーディスク・ドライブ用モーターから撤退し、ハードディスク・ドライブ用モーターへ思い切って舵を切った。

そして今、ハードディスク・ドライブ向けなどの精密小型モーターに代わり、「脱炭素化社会」が追い風となる電気自動車（ＥＶ）用駆動モーター、家電用省エネモーターなどの事業に軸足を移すべく動き始めている。

私自身も、仕事に対する基本的な姿勢は寸分も変わっていないが、働き方は大きく変わった。かつては毎日誰よりも早く出社し、夜遅くまで長い時間働いていた。今はさすがに、そういう働き方はしていない。

夕方5時になれば仕事を終えて家に帰るし、コロナ禍の影響もあって仕事の対応もオンラインで行うことがめっきり増えた。しかし、この働き方も環境の変化によって、また変わっていくだろう。

変化していくことは、人の宿命だ。変化を恐れてはいけない。ことに運をつかむには、複雑な変化の流れを巧みに読み、うまくそれに乗らなくてはならない。

だが変化してやまないものを、どうすればいち早くとらえられるのか。変化をとらえるにはアンテナを立てろとよくいうが、漠然とそうしているだけではダメだ。

微細な変化でもそれをつかむには、会社のモットーでもある「すぐやる」「必ずやる」「出来るまでやる」のうちの「すぐやる」が鍵を握っている。「すぐやる」を習慣化し、そのスピード感を身につければ、変化のちょっとした綾にも敏《さと》くなるからだ。

もう一つは、毎日するべき課題をしっかり片づけることである。課題が常に片づいた状態にあれば余裕が生まれ、ものごとを鳥の眼で冷静に俯《ふ》瞰《かん》することができる。全体を広く大きく見る鳥の眼と低い地平から見つめる虫の眼があれば、隅のほうに生じる微かな兆しや変化にも、いち早く気づけるだろう。

変化に気づき、自らもいち早く変化していくには、スピード感を持った判断と行動が必要である。

以前、Ｍ＆Ａで日本電産の傘下に入ったある赤字会社は、高い技術力、優秀な人材、安定したマーケットを持ち、ある一つのことを除いて、ほぼ問題がなかった。

そのたった一つの問題点とは、経営判断のスピードであった。決断から実行までの時間が日本電産の３倍もかかっていたのだ。決断の遅い経営者とスピード感が欠落した社員がいただけで、赤字が１００億円まで膨らんでしまったのである。

決断と実行のスピードの差は、そのままチャンスの差となり、変化に柔軟に対応して成長できるか否かを分けるということを、この赤字会社ははっきりと示してくれたのである。

問題が起きたら、「言い訳」でなく「これからどうするか」を語れ

運を引き寄せるには、スピード感を大切にするだけではなく、「何をしないか」も大事である。

「泣かない」「逃げない」「やめない」「ごまかさない」は、私が自分に絶対にしてはいけないこととして課してきたことであり、このうちの「泣かない」「逃げない」「やめない」を社内では「三ない主義」と呼んでいることは、すでに述べた。

「三ない主義」は、ことに壁にぶちあたったり、失敗したり、逆境にあえいでいたりするときに忘れてはならない姿勢だ。

目標に向かって一生懸命に努力してきたのに、思うような成果が出ない。これだけ努力しているのにダメか……そんなときは諦めてしまいたくなるかもしれない。だが一度

決めたことは、最後の最後まで諦めてはならないのである。

問題が起こったときは、どうか。問題が大きければ大きいほど、その厄介さに怖気《おじけ》づいて逃げ出したくなるのが人間である。だが、逃げては何も解決しないし、逃げれば逃げるほど、かえって不安や恐れは大きくなるものだ。

こんなときにすぐ逃げ出す人は、どんなときでもたいてい逃げ腰である。逃げ腰になるのが習性のようになっている人は、必ず言い訳をしてごまかすものだ。

ある企業を再建したとき、その会社の幹部が経営方針発表会で計画未達の理由を長々と説明しているのを聞いて、「いつまでできない理由をダラダラ喋っているんだ。大事なのは、これからどう戦うかだろう」と叱責したことがある。

以前、ある大手自動車メーカーから転職してきた幹部役員が言っていたことだが、前にいた会社の経営方針発表会では、前期の実績報告に関して、計画が未達に終わったものについては、なぜそうなったのかの理由と分析ばかりが長々と述べられ、それを踏まえて今期どうするべきかについては、ほんのわずかしか触れられなかったという。今は違うのだろうが、これでは言い訳のオンパレードのために経営方針発表会を開いているのと変わらない。

言い訳は不毛なだけでなく、よいほうへ変わる芽すら、自らつぶしているという点でも大きなマイナスだ。

「ちゃんと指示をしたのですが、部下が怠ってしまったのです」

「在庫の大幅な積み上がりは、外部環境がこれだけ悪化すれば仕方がないと思われます」

本人はうまく言ったつもりでも、周りはちゃんと見ている。言い訳というものは最終的にはその人の評価を下げるものだ。加えて、本人の成長を妨げ、周りにも悪い影響を与えるということを、しっかり心得ておくべきだろう。

問題を目の前にしたときは、逃げることなく、真剣にそれと向き合わなくてはいけない。むしろ問題の懐に飛び込むような気持ちで一生懸命努力を続ければ、不安や恐れは薄らいでいき、必ず解決への道筋を見つけられるはずだ。

「三ない主義」は、言葉で言うのは簡単だ。簡単だから、それを言われたほうは理解したような気になる。しかし、理解するのと実際に行うのではまったく違う。

いざとなったら、逃げたり、泣き言を言って音を上げたり、言い訳をしてごまかしたりしたくなる。誰しもそういう弱さを持っているからこそ、私は自分にも言い聞かせるつもりで、「三ない主義」について口を酸っぱくして言うのである。

「なぜ?」という疑問を常に持て

疑問なきところに進歩なし。私は常々そう思っている。偏差値の高い大学を出ている社員が意外と伸びなかったりするのは、EQの問題のみならず、何に対してもすぐに結論のような答えを出してしまい、それが行動の妨げになっていることにも原因があるのだ。

答えを出すことにとりわけ集中してしまうのは、裏返せば「なぜ?」という疑問をあまり抱かないということでもある。

もっぱら、学校のペーパー試験で高い点数を取るためにトレーニングされてきた頭は、答えを早く正確に出すことに慣れているからだろう。常識を疑ったり、ものごとに問題意識を持ったりすることはあまり得意ではないようだ。

　だが、「なぜか？」という疑問を抱くことは、人が成長し、社会が進歩していく上で絶対に欠かせない。大きな発明や新しい技術といったものはすべて、既存のものや常識とされていることに対する「なぜ？」という問題意識から生まれている。

「なぜ？」という疑問は、人や社会の問題点を解決し、前に進めるための、最強のエンジンなのだ。

　会社の成長も、社員一人ひとりの問題意識と深くつながっている。なぜ売上が伸びないのか？　なぜニーズに応える製品になっていないのか？　なぜあんな失敗をしたのか？　このように「なぜ」という疑問を持って改善をはかったり、対策を講じなければ、会社の成長は止まってしまう。

　たとえ会社が順境にあっても、どこかに問題はないかという疑問の目を細部にまで向け、改善すべきは早めに改善し、次なる環境の変化に備えておく必要があるのだ。

私は２０１８年から京都学園大学（２０１９年に京都先端科学大学に名称変更）の経営を引き継ぎ、本格的な大学教育の改革に乗り出している。なぜ会社経営とは別にそのようなことを始めたかというと、グローバル社会における日本の将来を強く懸念しているからである。

日本電産は会社が大きくなるにつれ、偏差値の高い有名大学の卒業生がたくさん入ってくるようになったが、彼らを見ていて、果たしてこういう人材でこれからのグローバル社会でまともに戦っていけるのだろうかという疑問を当時、抱くようになっていた。

英語も話せなければ、社会的常識も欠けている。指示を与えなければ動かず、既存の知識・情報ばかりに頼って、自分の頭でまともに考えない。何事にも事なかれ主義で、自ら困難な道を拓こうとしない。こんな人間ばかりになってしまえば、日本の将来は本当に危うい。日本を守るためには教育から変えていくしかない――。

つまり、私の大きな問題意識が形となったのが、この大学経営なのだ。なぜ日本ではエリートといわれる人材が、この程度なのか？　このままではまずいのではないか？

その根本的な疑問が私を教育改革へ駆り立てている。

問題意識を持って既存のものを変え、新しいものを生み出していくために、こと教育に関しては多くのエネルギーと時間がいる。大変といえば大変だ。

それでも私が挑戦していくのは、途《と》轍《てつ》もなくやりがいがあるからであり、自分に与えられた大きな使命だと思っているからにほかならない。

すぐに答えを求めず、自分で考えよ

幹部からある案件についての決裁を求められたりすると、私は必ず「それで君は、どう考えるんだ？」と聞くことにしている。

自らの考えを深めることなく、ただ機械的に判断を仰いでいるときが少なくないからだ。自分できちんと考えていないと、決裁をもらってもその内容を十分に咀嚼《そしゃく》していないから、部下に伝えるときに説得力がなく、それゆえまったく響かなかったりする。

たとえば、幹部会議で「厳しい経営環境になってきたので、全部門で10％の経費節減を達成しよう」という方針が決まったとする。だが、その方針に従って部下に指示を出す際に、漠然とそのことを伝えるのでは相手の耳を素通りするだけである。どうすれば達成できるかをしっかり考えた上で、こうした面を見直そうとか、こんなところを改善していこうなど、具体的な指示も併せて出さなくてはきちんと伝わらない。

自分できちんと考えることもせず、上司が言ったから、周りの人間がそう言ったからなどの理由でただ上司や周りの意見に従うだけであれば、人は成長できない。他の人がどんな意見や考えであろうと、あくまでも自分の頭で考えて判断をすることが基本である。

だが昨今は、自分の頭で考えない人が増えたように感じられる。じっくり考える前に、すぐに答えを求めてしまうのだ。それは安易に答えらしきものが見つかる環境のせいでもある。

おびただしい数の情報が溢れているインターネットで探せば、答えはすぐに見つかる。そして、それをあたかも自分の考えであるかのように語れてしまう。

考える力が弱くなったのは、インターネットのせいだけではない。考えることをあまりさせず、知識を詰め込むばかりの暗記に偏った教育の影響もある。数式や英語の文章を多く暗記した生徒ほど、偏差値の高い学校へ入れるという教育システムの弊害である。私が今、大学経営に乗り出しているのも、こうした既存の教育システムの行き詰まりを打ち破り、自ら考える力を持つ人材を育てなければ、日本の将来はないと考えているからだ。

人は、自分で自分の道を切り拓いていかねばならない。自分の頭で考えたことが結果的に人と同じなのはいいが、最初から他人の意見や考えに答えを求めてばかりいるのでは、他人の道を歩いているのと変わらない。

自分の頭で考え、答えを見つけていく。それが、自分が進むべき道を見つけ、切り拓いていくための必要条件なのだ。

新しいことに挑戦しなければ、何も生まれない

かつて仕事で行き詰まったとき、オムロンの立石一真さんのところに相談に行ったこ

とがあった。ある製品の開発を進めていたとき、それが製品化されたところで果たして成功するか、急に不安になったのだ。だが立石さんは、おいそれとは答えを教えてくれない。

難しい顔をしながら私の説明を聞き終えた立石さんの口から出てきたのは、「成功するかどうかは僕にはわからんな。君がどうしたいかだよ」という言葉のみ。答えを教えるのは簡単だが、自分の頭で考えないと成長はない、というわけだ。

そこで必死になって考えに考え、実行した。ところが製品化してみると、ものの見事に失敗してしまった。再び立石さんのところへ行くと、「それは大したものだ。このあいだ君が来たとき、僕はだめだなという顔をしたはずだ。でも君は自分にかけて前へ進んだ。この経験は財産になるぞ」とほめてくれた。

失敗する確率が高いと思っても、立石さんは止めなかった。危ないからやめなさいと諭しても、何の勉強にもならない。一番よくないのは失敗を恐れてチャレンジしないことである、と立石さんは暗黙のうちに教えてくれたのだ。

日本電産では社員の評価を減点方式ではなく、徹底した加点方式で行っている。スタート時点はゼロで、挑戦したり成果を出したりすれば、プラスをつけていくのだ。何もしなければゼロのまま。チャレンジしない人や努力を怠っている人は、評価がまったく与えられない。

日本の多くの企業は減点方式だが、それだと成果を上げなくても、失敗さえしなければ評価されることになってしまう。これでは、リスクを恐れずチャレンジするという風土が育たない。

チャレンジする数が多ければ多いほど、おのずと失敗の数も多くなる。私もこれまでの人生で、どれだけの失敗を重ねてきたかしれない。だからこそチャレンジと表裏の関係にある失敗の意義を心底わかっている。

部下が「こういうことがしたい」と言ってきたときに、「ひょっとしたら数億円捨てるかもしれないな」と思いながらも、やらせることがある。

お金が無駄になっても部下にはいい勉強になるし、その経験が後に活きて、長い目で見れば、その何倍もの利益を会社にもたらすかもしれないからだ。

とくに見込みのある部下には、若いうちに一つの会社の経営を任せることもある。失敗すれば数十億円の損失が出ることもあるが、それくらいの失敗は許す覚悟でいる。失敗や挫折を経験しても、それによって経営の技量を養い、さらに人間力を培ってくれたら、という思いがあるのだ。

部下にチャレンジさせるときは、期待しすぎないほうがいい。ともかく、どんどんやらせて、失敗させる構えでいたほうが部下は間違いなく育つ。

ただ同じ失敗でも、評価できる失敗と、そうでない失敗がある。大きな目標を持って果敢にチャレンジしたのであれば、結果が失敗に終わっても評価は下がらないが、ケアレスミスを繰り返したり、小さなことをないがしろにして失敗した場合は問題だ。そんなときは、私は厳しく叱責する。

すべての失敗が、次の成功に結びつくわけではない。失敗したことを真摯に反省し、やり方を変えて再チャレンジするから成功への可能性が高まり、仕事に対する感性もまた磨かれるのだ。失敗から学ばずして、真の成功はないのである。

「8勝7敗」でいければ上等と思え

プロ野球ではチームの勝率が5割を超えると、「貯金ができる」という言い方をする。つまり勝ち越していれば、成績としてはとりあえず合格ラインということだ。いわゆる名監督と呼ばれる人たちも通算成績における勝率を見ると、みな5割台である。

この数字を相撲の星取り表に喩えてみるなら、一場所8勝7敗あたりのラインになる。幕内の人気力士でも通算の成績で負け越すケースはけっこうな割合でいるので、8勝7敗以上の成績で毎場所勝ち越しを続けられれば上出来といえる。

私は人生も「8勝7敗でいい」と思っている。世間では私のことを15戦のほとんどを白星で埋める勢いでやってきたように思っているかもしれないが、振り返れば、ぎりぎり勝ち越すことができたというのが実感である。すべてにおいて勝つなどということはありえない。もし15戦全勝できていたなら、会社の売上高はそれこそ今頃10兆円になっているだろう。

もちろん勝負する限りは常に勝とうと努力すべきだが、すべてにおいて勝たなくてはいけないと思い詰めれば、一つひとつにエネルギーを使いすぎて後が続かなくなるだろうし、たった一つの負けだけでも、ひどくこたえるはずだ。

負けたことを素直に受け入れられず、ぐずぐず引きずって、成長の足かせになってしまうこともあるだろう。

だが、8勝7敗でいいと思っていれば、「7敗までは大丈夫」という気持ちの余裕が生まれる。分の悪い戦いと見切れば、早々に負けを認めて次へ行くことができるし、失敗を素直に受け入れられる。

失敗からきちんと学べば、同じ失敗をしなくなり、そこで得た経験は必ず次の勝負に生きてくる。

ところで、仕事や人生における勝負は、スポーツとは違って時系列的に一つひとつが順番にやってくるわけではない。同時にいろいろなことに挑んだり、戦ったりする状況もあったりする。

Aの勝負は絶対に負けられないが、Bの勝負はAよりは優先度が下がる。8勝7敗の感覚でいれば、そうやって全体観を持ちながらAやBやCの勝負にエネルギー配分の優先順位をつけることもできる。こうして優先順位をつけることも、さまざまな勝負を有利に進める上で大切なことである。

人より一歩でも早く行けるか

では、一つでも多く勝つにはどうすればいいか。

勝つには、そのために欠かせない姿勢や考え方がさまざまある。たとえば「人より一歩でも先に行く」ことも、その一つである。「先んずれば人を制す」である。

「幸運の女神には前髪しかない」と言われる通り、チャンスは一瞬でどこかへ行ってしまう。だから、いつでも素早く動ける準備をふだんからしておかなければならない。いいアイデアが浮かび、チャンスだと思ったなら、即行動に移ることが大事だ。

創業して間もない頃の入社試験では、試験会場に早く着いた順番に採用するという選考をしたことがあった。出社時間が早い社員とそうでない社員を比べたら、前者のほうが仕事の評価が高いことが調査の結果わかったからだ。

私はよく「夜2時間遅く仕事をしている人より、朝30分早く会社に来る人を信用するというリスクも計算に入れているからである。

逆境でも明るい言葉を使い続ければ、必ずいい変化が訪れる

何か問題があるとき、そのとらえ方によって人は2種類に分かれる。「ダメだ、できない」と言う人と、「大丈夫、できる」と言う人である。

会社が大きくなるにつれ、日本電産には東大や京大など偏差値の高い学校を出た社員が増えたのだが、高学歴であっても、成果を今一つ出せない社員がいる。与えられた仕事はうまくこなすものの、自ら率先して仕事を取ってきたり、創意工夫して新しい企画を考えたり、難題を解決したりすることが少ない。状況に応じて自分の判断で柔軟に動くことをせず、上司の指示を待つ傾向が強い。

そんな人を見て思うのは、「ダメだ、できない」という否定から入る傾向が強いことだ。

「このまま原材料費が上がっていけば、さすがに製品価格を維持するのは難しいと思い

ます」

「この会社を買収して再生させるにはハードルが高すぎます」

頭がいい人ほど、先を読んで、すぐに結論を出してしまうところがある。真剣に考える前に「できない」と言うことは、やるべき努力を最初から放棄することと同義だ。

言葉の使い方一つで、行動は大きく変わるものだ。「できない」という否定から入ると、仕事や人生の幅を狭めるだけである。

そのことをはっきり意識したのは、アメリカ出張でのある出来事だった。

創業して間もない頃は、国内の会社がまともに相手にしてくれなかったので、新しい販路を開拓すべく単身アメリカに乗り込み、大きな会社相手に直談判に及ぶという行動に出ていた。

一カ月近く日本を離れていると、どうしても日本食が恋しくなる。シカゴの五大湖近くのホテルに宿泊していたとき、生貝を2ダースも買い込んできて刺身にして食べたのだが、これがいけなかった。たちまち食あたりを起こし、全身にじんましんが出て、救急車で病院に担ぎ込まれたのである。

病室のベッドでうんうん唸っていると、医師がやってきて「ハウ・ア・ユー？」と尋ねてくる。こちらは目が開けられないほどまぶたも腫れ、息も荒くなっているのにである。私は当然ながら「ノット・ファイン（よくない）」と答えた。

翌朝には嘘のように元気になり、退院できることになったのだが、そのとき医師から言われた言葉が忘れられない。

「おそらく二度と会うことはないだろうから、成功の秘訣を教えてあげよう。あなたは起業家と聞くが、経営者がじんましんくらいで『ノット・ファイン』なんて言ってはいけない。どんなときでも『ファイン！（調子いいよ）』『エクセレント！（最高さ）』と答えなさい。そうすれば明るい未来がきっと見えてきますよ」

それからというもの、私は「ハウ・ア・ユー？」と聞かれると、どんなときでも明るく「ファイン！」「エクセレント！」と答えるようにしている。問題にぶつかって悩みかけたときも、「大丈夫だ。必ずできる」と自分を鼓舞するように言い聞かせている。

大阪商人の間で昔から慣習のように行われる挨拶の一つに、「どうでっか？」「ボチボチでんな」というやり取りがある。

私は正直言って、この「ボチボチでんな」という返しは好きではない。「まあまあですな」というよりは、やはり気持ちよく「ファイン！」「エクセレント！」とパーンと言い切る元気のある調子がいい。

私は朝、仕事で家を出るとき、妻に「行ってきます」という言い方はしない。拳を上に突き出し「行くぞ〜！」と威勢よく声を上げて出かける。言うのをつい忘れてしまったときは、後から妻が「かけ声！」と呼びかけ、思い出させてくれる。

常に明るい言葉を使い続ければ、どんな逆境のなかにも明るい兆しを見つけることはできる。不可能と思われるものを可能にし、越え難い壁を乗り越えるのは、明るい言葉を選ぶ姿勢にかかっているのだ。

「悪い口ぐせ」は悪運を招く

私は大学卒業と同時に恩師である見城尚志《たかし》先生の推薦で、ある音響機器メーカーに入ることになった。ところが入社早々、組織の高い壁にぶつかった。上司である開発室長の仕事の指示に不満だらけで衝突を繰り返したのだ。

なぜこんな非効率的なやり方で仕事をさせるのか、会社のことを考え、よかれと思って提案していることが、なぜ聞き入れてもらえないのか――言いたいことが次から次へと出てくるが、開発室長が相手では埒が明かない。

そのうち室長を飛ばして、直接部長のところへ自分の意見を持っていくようになった。そして部長がダメなら、さらにその上司である常務へと直訴しに行く。そのため上司たちとの関係は悪化し、社内で完全に孤立してしまったのである。

意見をしたときの上司たちの反応には、共通するものがあった。たとえば、「今のモーターでは他社にいずれ負けてしまいます。弱点を改良した試作品を早急につくらせてください」と言うと、「お前の言うこともわかるけどなあ……」「しかし現状からすれば、まだまだうちは優位だから……」など、返答には必ず「けど」や「しかし」がつくのだ。

仕事ができない人は、現状にあまり疑いを持たない。今仕事が回っているのだから、別に問題はないのだと思い込みがちなのだ。そのため新しい提案をされても、まず否定から入るのである。

今はうまくいっていても、明日どうなるかはわからない。それがビジネスの世界だということが、身にしみてわかっていないのだ。それと同時に、新しいことを始めれば、仕事が増えて面倒だという気持ちもどこかにある。要は、楽をしたいのだ。

こういう人は総じて仕事に受け身で、ネガティブな口ぐせを持っている。

「でも」「しかし」「疲れた」……そんな言葉がしばしば口をついて出る。もしあなたが「でも」「しかし」としょっちゅう言っているなら、なぜ「でも」なのか、「しかし」なのか、もう一度よく考えてみるといい。たいして深く考えもせずに、条件反射のようにそう言ってはいないか。


「疲れた」とよく言う人は、私から見ると中途半端に仕事をしている人に多い印象だ。一生懸命にがんばっている人は、「疲れた」ということを口にしない。「疲れた」と言うのは、今の仕事から逃げたいと言っているのと同じである。こういう人は仕事に対する自分の姿勢を今一度、見直したほうがいいだろう。

私も「疲れた」と、つい口にすることはある。ただ、そういうときは「疲れたから今日はよく眠れるぞ」とポジティブなほうへ持っていくようにする。暑いときは「暑いな」で終わらず、「暑いから帰ってシャワーを浴びると気持ちいいだろう」というふうにポジティブな言葉で締めるのだ。

よくない口ぐせというのは、言葉だけの問題ではなく、その人の考え方が後ろ向きになっている証拠であるから、悪運を招きかねない。ちょっとした言葉遣いの問題ではないことを、はっきり認識する必要があるのだ。

「思い込み」にいかに早く気づけるか

人間は思い込みの強い生き物である。一度あることを信じたり、よいことであると思い込むと、何か問題があっても、なかなか訂正できなくなる。

思い込みが強い信念となって、よい方向へいくときはいいが、反対の場合は厄介である。

たとえば大企業を渡り歩いて転職してきた人を見ていると、これがベストな仕事のやり方だという思い込みが強く、頑なに自分のスタイルを貫こうとする傾向がある。

もちろん日本電産の仕事の仕方が最善とはいわないが、少なくともこのスタイルで成長してきた会社である。たとえ時間はかかってもその文化を理解して吸収してもらわないと齟齬《そご》が生じ、当人が持っている力を会社で十分に発揮できなかったりする。

そのような場合、当人の思い込みをいったん捨ててもらう必要があるが、それが一筋縄ではいかない。長い歳月をかけて体にしみ込んだ強い思い込みは、そう簡単にはなくならないのだ。


もちろん私にだって、思い込みはいろいろある。それが間違った思い込みであることを気づかせてくれるのは、周りにいる人であることが多い。

このほど日本電産の社長になった小部博志とは創業以来の仲間であるが、これまでに何百回、何千回と意見の違いをめぐって口論になった。聞いているうちに彼が正しいことを言っているな、自分が思っていたことは間違っていたな、と感じることがたまにある。

私も負けん気が強いから、その場では「君が言っていることのほうが正しい」とは素直に言えないこともある。そこで後から小部を呼んで「今度こういうふうにしようと思う」と、彼が主張したことをさりげなく取り込んだプランを示したりするのである。

私のおかしな思い込みを一番に直してくれるのは、妻である。夕飯を一緒に食べているときなどに、「あなたはそう思っているみたいだけど、それは違うでしょう？」とさまざまなことを、ズバリと指摘してくれるのだ。

これまでに何度、自分の間違った思い込みを修正されたことか。妻にはただ感謝あるのみである。

「できる、できる」ととなえて、自分に暗示をかける

創業してから初めて大きなロットで注文を取ったときの話である。毎日靴底をすり減らして必死に営業に回っても、社長以下４人の無名の小さな会社をまともに相手にして

くれるところはそうそうない。そんななか、ある一社が断り文句に等しい無茶な注文を振ってきた。

「今の製品の半分の重さでパワーは倍。かつ消費電力が半分で賄えるものをつくってほしい。それができたら注文しましょう」

会社に戻って注文の内容を話すと、みんな「それは、いくら何でも無理でしょう」という顔をしている。それを見て私は、「諦めてはダメだ。みんなで一緒に、できる、できる、できると１００回言おう」と呼びかけた。作業の合間、合間にこれを何度も繰り返すのだ。

１００回ではその気になれないので、３００回、４００回と回数を増やしていく。不思議なもので５００回を超すあたりから何となくそんな気になってきて、１０００回くらいまでいくと「できる気分になってきた」となるのである。

こんな念仏のような合唱で自分たちを鼓舞し合い、無我夢中で何度も図面を引き直し、試作を積み重ねた結果、重さは20%減、消費電力も15%減にまでこぎつけることができた。

発注元の要求水準には及ばないが、技術的にはかなり高いレベルの製品である。果たして試作品を持っていくと、「ここまでのものをつくるとは、すばらしい」と感心され、その場で注文をもらうことができた。

不可能と思えることでも全力を出し切ってがんばれば、決して不可能ではなくなることを、このときの体験は教えてくれた。加えて、「できない」ではなく「できる」という暗示で自分の気持ちを高めていくと、それまで隠れていた力が思いもかけずに引き出されることも、驚きをもって発見できた。まさに火事場の馬鹿力だ。

いい経営者は、みな「小心者」である

いい経営者というのは、みな小心者だと私は思っている。先のことを常に考え、わずかなリスクでも察知し、予防策を講じ、細心の準備をする。傍からは心配性と思われるほどの小心さがなくては、ビジネスの荒波を乗り切ることはできない。

いかに豪胆に見える経営者であっても、小心で臆病な側面は必ずやあるはずだ。

かくいう私も、超がつくほどの心配性である。傍からはずいぶんと威勢のいい人間だと思われているようだが、実際はかなり臆病な性格である。経営の仕事は、社員やその家族を養うという重責を担っている。臆病さを持たなければ、やっていけない仕事である。

思い返せば、子どもの時分から心配性の片鱗はあった。

小学生のときは、毎晩、教科書など次の日に学校に持っていくものが気になって仕方なかった。だから部屋の入り口に翌日持っていくものを紙に書いて貼りつける。それでも不安だから、その前にものを置いて、躓くなどして嫌でもその紙が目に入るようにしたことがあるほどだ。

勤めていた会社を辞め、日本電産を立ち上げようとしたとき、全身にじんましんが出たことがあった。米粒大の斑点《はんてん》が体中にでき、かゆくて夜も眠れない。病院で調べても原因はよくわからない。

なかなか治まらないので神経科の門をたたくと、医師から「大きな悩みごとや心配ごとが、きっとあるはずだ」と指摘された。資金繰りや取引先のことなど難問山積で、体が悲鳴を上げたのだろう。

今でも、心配ごとで夜中に目が覚めてしまうことがある。「会社がつぶれるんじゃないか」。夢うつつのなか、そんな不安にかられて飛び起きることもある。

会社が倒産するのは恐い。これまで何度か会社がつぶれかかった経験があるから、なおさらだ。

だからこそ、先々の小さなことまで目配りをして、ちょっとした綻《ほころ》びがあれば、事が大きくならないうちに素早く手を打つ。事前に徹底的に調べ、仮に最悪の事態が起こっても、しっかり対応できる備えをする。二重三重に危機管理を施すことで、簡単に危機に陥らない組織の土台をつくる。それもみな、臆病と小心がなせる業《わざ》である。

「トイレ掃除で運気が上がる」は本当か

日本電産では創業してから10年ほどは、社員自らの手でトイレ掃除を行っていた。自宅のトイレならまだしも、他人が使ったトイレをピカピカに磨くのは、誰しもかなり抵抗があるだろう。

同じように掃除させても、仕上がりはみな違う。仕方なく嫌々やっている者は、表からは見えない便器の裏側までは掃除をしない。

だが、本当にきれいにしようとする者は、裏側まできちんと掃除が行き届いている。

まさに表裏がないというのは、このことだ。

この差は仕事において、はっきり表れる。便器の裏側をほったらかしにしている人は、上辺だけきれいに整えて見せるような仕事をするだろうし、裏側もきちんときれいにする人は、手を抜かずに実直に仕事に取り組むだろう。

トイレ掃除の仕方には、人それぞれの考え方や姿勢がはっきりと表れるのである。

創業間もない頃は人手がないためトイレを含む社内の掃除をすべて自分たちでしなければならなかったのだが、会社が軌道に乗り、社員数が増えてからも、トイレ掃除は最高の教育になると考えていたので、しばらく続けていた。

トイレ掃除を毎日続けていると、自然と便器を汚すまいという気持ちになってくる。

トイレをきれいにする習慣が身につくと、トイレだけでなく、工場やオフィスを汚したり、散らかしたりすることもなくなる。ひいては、これが徹底した品質管理にもつながる。外から見えない細かい部分にまで気を配り、結果的に不良品の発生を防ぐことにもなるからである。

トイレ掃除がもたらす影響というのは、実にさまざまな形で表れるのである。

今ではトイレ掃除は外注にしているが、専門の方に毎日時間をかけて丁寧に掃除をしてもらっているので、社内のトイレはどこもすべてピカピカに輝いている。

私が商談などで相手先にうかがったとき、一番に気をつけて見る場所はトイレである。決して誇張ではなく、そのときトイレの汚れがひどいなと感じた会社とは、取引をしないこともある。トイレの汚れ具合に、その会社の経営姿勢や社風が如実に表れるからである。

「トイレ掃除をすると運気が上がる」ということを風水の世界では言ったりするらしいが、これもあながち嘘じゃないと考えている。きちんとしたトイレ掃除を続けると、本当に運が開けるのである。

「やるべきこと」は必ず書き留め、実行する

明日の仕事は明日になったら考えればいい。そんな姿勢の人はまず間違いなく仕事ができないし、運にも恵まれないだろう。

少なくとも明日するべきことは、前の日にちゃんとイメージしておかなければいけない。私は毎晩必ず、明日やらなければならないことのリストを作成する。

紙を半分に折って、片側には明日中に済ますべきことを、もう片側には期日を設定した、多少時間を要することを記す。明日済ますべき項目の数はだいたい20程度。期日を決めてすることは常時30くらいある。

明日済ませることについては、ただ項目を列挙するだけではない。数が20あれば、どこから手をつけるべきか順位をつける。

たとえば、1番から20番まであるなら、朝家を出てすぐ、会社に向かう車から秘書に連絡をして1番目の項目をまず済ませ、次いで幹部社員にメールを送って2番目の項目

も会社に着くまでに済ませる。そして午前の内に7番までやってしまおう……といったふうに見積もっておくのだ。

ここで大事なのは、いかに順番をつけるかである。

私の場合、簡単に済むものから手をつけるようにしている。相手と相談しながら決めないといけないものなど、多少時間を要しそうなものは後に回すようにしている。

いろいろとやるべきことがある場合、面倒なものから済ませたほうが気分的に楽になるから、先に手をつけようと思う人もいるだろう。だが、ペーパーテストを思い浮かべてほしい。一番難しい問題から取りかかったらどうなるか。なかなか答えが導かれなければ、その問題だけで時間を取られ、点数を大きく下げることになってしまう。制限時間内にできるだけ多くの設問に答え、ベストな点数をとるには、最初に全体を眺め、やさしそうなものから解いていくべきである。

それと同じで、明日することの課題リストの順番は、簡単に済ませられるものをなるべく先にもってくる。翌日1番目から順番に取りかかって、終われば消す、終わったら消す、を繰り返す。

一日の終わりにはすべて済んでいるのが理想だが、どうしても残ってしまうときもある。そのときは翌日の早めの順番に回して、必ず片づけるようにするのだ。

また自分の体のリズムに合わせて、スケジュールを立てることも重要だ。

私は脳が冴えている午前中に頭を使うものを、昼食後など眠くなりそうな時間帯は重要な判断が必要な予定はいれず、夕方4時頃からは再び頭がすっきりするので決済が必要な書類などに目を通すようにしている。

明日するべき仕事の計画を立てるときは、自分のリズムや行動パターンを考慮し、それに見合った時間配分をするといいだろう。

今日するべきことは今日済ませ、明日するべきことは明日済ます。頭で覚えておくには限界があるし、人間だから忘れることもある。だから紙に書き留め、確実にこなす。

「覚えているから紙に書かなくてもいいだろう」なんて横着はしない。その連続が、ひいては仕事運を招くことにもつながるのである。

「体調管理ができない人」に運は来ない

人は自然から離れて人工物ばかりに囲まれた生活をしていると、運気が滞ってくる。運気をよくするには、流れる水や吹く風のように通りをよくしないといけない。

運気は「気を運ぶ」と書くが、この「気」の流れをよくするには、自然の「気」と接することも大切だ。気とは一種のエネルギーのようなものである。

私は時間があれば、川へ出かけたり、樹々が生い茂っている森の公園を散歩したりする。私は京都・桂川の支流近くに居を構えているが、この場所を選んだのは水の通りが傍にあることも大きな理由である。

水が流れ、風が吹き抜ける場所に佇んでいると、自分の中で滞っていたものがゆるゆるほどけ、通りが次第によくなってくるのを感じる。自然の気がさわやかに体を抜けると、運気の通り道が整えられる感覚になるのである。

自然と触れることと同じくらい大切なのが、体のコンディションづくりや健康管理である。

若い頃は徹夜や不規則な生活など多少の無茶をしても、回復できるだけの体力があるが、中年をすぎると、そうした無理が利かなくなる。不摂生が重なると、病気になって表れたりする。

私も体調管理には、かなり気をつけている。バランスのいい食事、十分な睡眠、適度な運動をいつも心がけ、年に2回必ず人間ドックに入って、健康状態をチェックしている。今のところ、すべてが正常値だ。

食事はできるだけ温野菜を中心にしたメニューにし、動物性たんぱく質は少し控え、塩分や砂糖、油はなるべく摂取しないようにしている。免疫力の鍵を握ると言われる腸内細菌を増やすため、ヨーグルトや納豆などの発酵食品も欠かさない。睡眠中に胃も休められるよう、夕食は早い時間に済ます。

食事の量は腹八分が理想だが、夕食はつい食べすぎてしまうところがある。これは妻が料理上手なためでもある。

ただ私は人一倍エネルギーを使うタイプなのだろう、ある程度量がなければ体力的にもたないところがある。医師はもっと量を減らせと言うが、体重も体形もここ何十年と変わっていない。自分にとっては現在の量が案外、適しているのかもしれない。

若い頃は大のビール党だったのだが、仕事への影響を考え、45歳のときに飲酒はきっぱりとやめた。もちろん体に悪影響を及ぼす煙草も吸わない。

いい睡眠も心がけている。夜は10時半に床に入って朝は5時に起床する。夜、床に入る前の1時間、私は何もしないで、ただボーッとしている。毎晩欠かさない習慣だ。

書斎のリラックスチェアに全身を預けて何も考えないでいると、昼の活動をつかさどる交感神経が次第に落ち着き、ゆるやかに副交感神経優位に移行するので、いい状態で眠りにつけるのだ。

朝まで一度も目が覚めることなく熟睡できるのも、この意図的にボーッとする就寝前の習慣が奏功しているからといえよう。

睡眠で、もう一つ欠かせないのが昼寝だ。昼食が終わった後、20分ほど仮眠を取る。たった20分でも、体がすごく楽になる。午後の仕事を高い集中力でこなすには、この昼寝は欠かせないのだ。

体を動かすことも大事だ。毎朝5時に起きてから1時間以上、自宅の敷地内に作った早歩きコースや室内のトレーニングルーム等でマシーンを使って運動をしたりしている。週末には専門のトレーナーが来て、ストレッチを中心としたエクササイズの指導を受け、たっぷり汗をかいている。

私は現在78歳だが、年齢を言うと、よく驚かれる。だが物事の成功と同じで、「健康も一日にして成らず」である。健全な肉体に運はやってくると私は信じているから、これらの習慣は生涯続けるつもりである。

第4章

「運気を落とさない」習慣を徹底する

問題を「千切り」にすれば、必ず解決できる

人生に困難はつきものである。そのとき、困難にどう向き合うかで、その後の運命の流れも変わってくる。

会社でもトラブルがあったときに、それと正面からきちんと向き合わなかったために処理が遅れ、本来であれば10億円程度の被害で済んだものが、２００億円くらい損失を出してしまったこともある。被害の大小はあるが、問題が発生したときにすぐに対応しないと、損失額が巨大に膨らんでしまうケースはあるのだ。

私の経営手法のなかに、「千切り経営」というものがある。大きな問題や課題に直面したときに、それを小さく分けることで上手に解決するための手法だ。

問題が大きい上に複雑で、どこから手をつけたらいいかわからないときがある。そんなときは、千に刻むように小さくして課題を見つけ出すといい。そして、その一つひとつを根気強く考え続ければ、何らかの解決法が見つかるものである。

以前、オリンピックのメダリストであるマラソンランナーとお会いしたことがあるが、

「長い距離を走り抜くには、次の電柱まで走ろう、次のあの建物まで行ったらやめようと、自分に言い聞かせながら走り続けています」と語っていた。これも、まさに千切りである。

大きな問題であればあるほど、細かく分けると負荷が小さく感じられ、対応しやすくなる。重機で運べないような大きな荷物でも、いくつかに分割すれば手でも運べるのと同じだ。

たとえば、あるプロジェクトを別の会社と共同で進めていて暗礁に乗り上げそうになったときは、プロジェクトの内容自体に問題はないのか、目標設定の仕方に問題がないか、チームの人間関係に問題はないか、マンパワーに問題はないか、予算設計に問題はないか……と、いくつものブロックに細かく分けて、一つひとつを検証していけば、解決への道筋が見えてくるはずである。

いかなる困難な問題であっても「千切り」にできないものはない。小さく分けて課題を分析するだけで問題に取り組みやすくなり、解決の仕方も的を射たものになるはずだ。

困難は必ず「解決策」を連れてくる

私は強い逆風に吹かれたとき、「困難サンがまた来たなあ。今度はどうお迎えしようか」と考えるようにしている。困難とがっぷり四つに組むことで、そこから大切な何かを学び取り、さらなる飛躍をはかろうと考えるのである。

社員には、よくこんな話をする。

困難サンが来たからといって「嫌だ嫌だ」と逃げてはいけない。もし逃げれば、困難サンはスーッと脇を通りすぎていくだろう。その瞬間、通りすぎる困難サンの背中をちらっとのぞくといい。背中に「解決策」というリュックを背負っているのが目に入るはずだ。つまり困難から逃げるということは、解決策も逃してしまうことなのだ――。

会社を経営していれば、幾度となく危機的な局面に向き合わざるを得ないときがある。たいへんな逆境にあっても、するべきことはきちんと続け、その上で解決策を探る手立てを必死で模索する。解決への糸口が見つかったら、死に物狂いでそれに取り組む。脇目も振らずに全力でがんばっていれば、「変わり目」が来るときが必ずある。そこで気を抜かず、もう一回アクセルを踏み込むような気持ちでがんばれば、次第にトンネルの出口が見えてくるのだ。

２００８年のリーマンショックのときは、かつて経験したことのない大きな危機だった。日本電産グループのなかには売上がピーク時の半分や5分の1になった会社もあった。

下手すれば会社がつぶれるという恐怖感に襲われた私は、図書館へ出かけて１９２９年の世界大恐慌にまつわる文献を片端からあたった。そのなかから80年前の大不況を乗り切った企業の事例を拾い出し、そこから生き残り策のヒントを得ようと考えたのである。

もちろん80年前のやり方が、そのまま現代に通用するわけではない。参考になりそうな事例を英語の辞書を片手に徹底的に分析していった結果、これしかないという独自の解決策を編み出すことができた。

そして原価の見直し、無駄な経費の削減、賃金のカット、仕事の進め方の改変に至るまで、一気に構造改革を断行した。

このときは社員、グループ企業から集めた改善策が3万項目も届き、その多くを活用させてもらった。銀行はその迅速な対応を、これまでの実績とかけ合わせて高く評価してくれた。そして多くの企業が貸し渋りで資金調達にあえいでいるさなか、日本電産には融資をしてくれたのである。

大胆な構造改革の結果、他の大手企業が軒並み大幅な赤字に転落していくなか、日本電産は1年ほどで売上を急回復させ、ピーク時と同等の利益をはじき出すことができた。その時点で賃金カットも解除し、社員にはこれまでの減額分に利子をつけて返すこともできた。

このときも私は途方もない不安を抱きながらも、困難を脱する出口は必ずあるという信念を最後まで持ち続けた。解決への道筋を早い時点で見つけ出し、打つべき手を素早く打ったことが功を奏したのである。

問題が起これば、その裏側には必ず答えもくっついている。およそ超えられそうにないと感じる困難な問題であろうと、それは同じだ。問題が起こったときは、容易に見えないだけで、解決策となる答えは、必ずどこかに用意されているのである。

「追い風」のときは立ち止まり、「向かい風」のときは積極的に動く

経営において意外と判断を誤りやすいのは、環境が追い風、あるいは向かい風などと、はっきりしているときである。

追い風のときは風に乗って行けるところまで行こうと、前へ前へとひたすら攻めの積極経営に邁進《まいしん》する。ところが、追い風を利用してどんどん前に進もうという姿勢は、環境が一転して追い風が止んでしまうと、過剰設備、過剰生産、過剰在庫、過剰債務、余剰人員といったリスクにつながってしまう。

一方、向かい風のときは、風に逆らっては失うものが大きいとばかりに、身を縮こめて守りの姿勢に徹する。あまり動くことなく守りの姿勢を続けていると、環境が好転したときの新しい変化に対応する準備が疎かになり、いい波にうまく乗れなかったりする。

したがって、追い風のときはむしろ立ち止まる勇気を持つことが大事であり、向かい風のときほど、来るべき新しい変化に備えて、社内改革など積極的に動くべきなのだ。

向かい風のときに、どれだけのことをするか、どれだけのことができるか。苦しいと

きにこそ積極的に動けば、向かい風は大きく飛躍するチャンスになりうる。むしろ追い風よりも遠くに飛べる可能性を、向かい風は持っている。

これはスキーのジャンプと同じだ。スキージャンプは追い風より、向かい風のときのほうが遠くへ飛べる。素人目には追い風のほうが遠くへ飛べそうに感じるが、追い風は板の浮力を抑えるので飛距離が伸びない。

反対に、向かい風のほうが、板を高く持ち上げて遠くへ飛ばしてくれるのである。この点でスキージャンプという競技は、向かい風の本質を見事に利用している。

この追い風と向かい風という環境への対応の仕方は、個人の生き方にも同じことが言えよう。

たとえ強い向かい風が吹いていようと、それを恐れ、萎縮してしまってはいけない。緊張感を持って必死に立ち向かっていけば、向かい風は結果的に追い風になってくれるのだ。

向かい風のときは、むしろそこへ向かって積極的に動くことが、飛躍の大きな鍵となるのである。

行き詰まったときは「視点」を転じて、即行動する

壁にぶつかったときは、その壁を越えることに集中するあまり、視野が狭くなったりする。一つのやり方で問題を解決しようと、その方法に固執してしまうと、ときとして隘路《あいろ》にはまり、抜け出せなくなることがあるのだ。

そんなときは、いったんそのやり方を脇に置き、まったく別のところに目を向ける必要がある。そこから思わぬ突破口が拓けることがあるからだ。

創業当初は前にも述べたように、どれほど血眼になって営業をしても、市場には実績のない超零細企業が入り込む隙間はなかった。系列の壁もあった。大手家電メーカーの製品なら、その部品をつくる下請けは、当時すべて系列でまとめられていた。たとえこちらが向こうより性能が優れた、安価な製品をつくっていても、まともに相手にさえしてくれないのだ。

系列と実績という厚い壁に阻まれた私は、それなら海外に活路を見出せばよいではないかと発想を切り替えた。

そこで目をつけたのがアメリカだ。誰にでも平等にチャンスが与えられ、実力があれば道が拓ける国。ここなら勝負できると踏み、思い立ったその足ですぐにニューヨークへ飛んだ。

空港に着くや、公衆電話に駆けつけ、電話帳をめくって目星をつけていた企業数社に電話をかけたところ、そのうちの一社が面談に応じてもいいと言う。

「今使っているモーターに何か問題はありませんか？」と尋ねたところ、「まさにクリアしたいことがある。対応できるというならすぐに来てくれ」という話になったのである。現在は大手化学・電気素材メーカーとして知られるスリーエム社である。

スリーエム社はニューヨークから飛行機で3時間ほどで行けるミネソタ州セントポールにある。私はニューヨークに滞在する間もなくミネソタに飛び、スリーエム社の技術部長に会い、用意していた小型モーターのサンプルを見せた。

実は、同社がカセット・デュプリケータの小型化を模索しているという情報を、事前に得ていたのである。

サンプルを手にした技術部長は、「性能を維持したまま、これの半分の大きさにできるか？」と聞いてきた。

私は迷うことなく「I can do it」と即答した。できないと言えば、当然その場で終わりになるだろうし、「検討します」でも、その後の展開はなかっただろう。日本の会社であれば、どのくらいの売上があって、従業員は何人いるか、とか最初に聞かれるものだが、そんなことは一切聞いてこない。きわめて合理的な考え方をする彼らには、目の前の相手が「できる」か「できない」か、それだけなのだ。

その半年後、試行錯誤を重ねてサイズを30％小さくしたサンプルを完成させ、再び私は渡米した。サイズこそ半分には至らなかったが、相手の要求する回転スピード、パワー、静音性、耐久性、回転ムラなどのスペックをすべて満たしている。

渡されたサンプルを手に取った技術部長は目を丸くし、「すばらしい！」と驚きのまじった声を上げた。そして、その場で大量の注文をしてくれた。

後に食事を一緒にしたとき、ここまでのレベルのものを持ってくるとは予想もしていなかったと話してくれた。他の会社は、どこもスリーエム社の要望に応えることができなかったそうだ。

スリーエム社との契約にこぎつけ、大きなロットで取引を始めたことが評判となり、それを聞きつけた日本の会社からも注文が大量に舞い込むようになった。

壁にぶつかり、視点と発想を変えたことが、その後のよい流れにつながった好例である。

「スランプ」になりようがない姿勢を保つ

私はスランプというものを、今まで一度も感じたことがない。そう言うと、「調子がいいときや悪いときは、さすがにあるでしょう?」と聞かれるのだが、「最近どうも調子が悪いな」というような感覚になったことは本当にないのである。

もちろん、仕事がうまくいかないときはある。それが重なることもある。何をやってもうまくいかないというときもある。しかし、「調子が悪い」と感じて落ち込んだりすることは皆無だ。

だが仕事は、常にうまくいくことなどありえない。いいことと悪いことは交互にやってくるものだし、人生は8勝7敗でいいと考えていることは前に述べた通りだ。そんな前提があるからだろう、仕事がうまくいかないときがあっても、それをことさら深刻にとらえるようなことはしない。

重く考えることが続けば、普通は気持ちのテンションが下がって、スランプのような事態に陥ったりするのかもしれないが、常に前向きの姿勢なので、そうはならないのである。

やるべきことを日々しっかりこなし、心身をきちんと休ませることを欠かさなければ、スランプになどなりようがないのだ。

過去に会社が大きな危機に瀕《ひん》したときも、私は自分がスランプにあるなどと感じたことはない。危機的な事態を打開するには、ただひたすら必死の努力をするしかないことを経験的に知っているからだ。

あるプロ野球の監督が「スランプなんて言葉は、二流選手の言い訳だ」と言っていたそうだが、まさにその通りだ。

やるべき努力をたゆまず続け、リスクを正しく見極める目を持ち、自己管理をしっかり行っていれば、スランプになど陥りようがないのである。

常に「小さなこと」に目配りし、確認を怠らない

健康診断の一環として、私は胃カメラで年に2回、胃の検査をしている。胃カメラは苦しいから嫌だと言う人が多いが、私はすんなり呑み込めるので、つらいどころか何となく楽しい気分にさえなる。

でも、それはいつも診てくれる先生が上手だからだということが、あるときわかった。たまたま代理の先生にやってもらったときに、いつものようにスムーズにいかず、「胃カメラはこんなに大変なものだったのか」と感じる体験をしたのだ。

私は20年以上の間、同じ先生に胃を診てもらっているが、いつもほぼ同じ内容の会話を看護師と先生との間で繰り返している。

胃カメラを呑む前には「これから使うカメラは今日何人目？」「しっかり洗った？」と必ず看護師に確認し、ときには「もう一回洗ってくれるか？」と頼んだりする。

そして先生とのやり取りでは、「先生、見落としてない？　誤診で亡くなった友人が

いるけど大丈夫？」と尋ねる。

医師は「もう20年以上も診ているのだから信用してくださいよ」と苦笑いするが、傍らで聞いている看護師は「年に2回、永守さんが来られることで、うちの診療所は襟《えり》を正しています」と言ってくれる。

こんなやり取りを傍から見ると、ここまで心配しなくてもいいのにと思われるかもしれない。だが、仕事においてはこのくらいの細かいレベルでリスクに気をつけ、どんなに小さなことでもチェックをする姿勢が重要なのだ。

順調に進んでいると思っていたプロジェクトに問題が起こったとき、チームのリーダーに問いただすと「ちゃんと指示はしてあるんですが……」と返ってくることがある。指示を出すだけではダメで、その後の状況確認等のフォローが絶対になくてはならない。

何人もの人間がからんで事を進めるときは、自分が相手に依頼したことの確認だけでなく、伝えた相手がさらに別の人間にちゃんと指示しているか、場合によっては確認の確認をすることまでも必要だ。

以前、日本電産で株主に送る書面に間違いがあったことに誰も気づかず、そのまま5万数千人の株主に配布されてしまったことがあった。IR・広報宣伝を担当する部門と、法務部と総務部が連携して確認する必要があったにもかかわらず、しっかりとしたチェックが行われていなかったのだ。

そもそも間違いの大もとは、現場の担当者が印刷会社に「ここは間違っているので、こういうふうに変えてください」と伝えていたのに、印刷会社のほうが修正前の原稿で刷ってしまったことにある。

だが、刷り上がったものを、担当者をはじめ、担当副社長、専務、常務、部長、次長、課長たちが誰一人としてちゃんと見ていなかったのだ。

このように、たった一つの確認を怠ったために、とんでもないミスが起こったりすることは、実によくある。

仕事のミスを減らし、きちんとした成果を上げるには、どんな小さなことにも目を配り、リスクを考え、確認の確認をするような行動をすべきなのである。

「開き直り」は運を落とす

失敗をおかしたとき、人が取る行動パターンは2種類ある。一つは失敗した事実を謙虚に受け止め、その原因を分析することによって考え方や行動の仕方を変更し、次に活かすというもの。もう一つは、失敗したことは仕方ないと思って、開き直ることだ。

開き直ると、失敗による感情のダメージを引きずらずに済むので、たいして落ち込まずにいられることがある。スポーツの試合などでは、こうしたことがたまに見られる。そのため、開き直りは悪いことではないという人もいるが、実際はよくなるより、さらに悪い方向へ向かうことのほうが多い。

ミスをした社員になぜそうなったのかの説明を求めると、言い訳ばかりしてくることがある。それをたしなめると、「では責任を取って辞めます」と言って、去っていった社員がこれまでに何人かいた。責任を取ると言いながら、これでは何一つ責任を取っておらず、ただの開き直りにすぎない。

開き直りというのは、努力するのを諦めることでもあり、自分に課せられた責任の放棄でもある。開き直ると、失敗した理由や問題点を振り返らず、改善すべきことも改善されなくなってしまう。開き直りによって、さらに事態が悪化するのは当然なのだ。

また開き直りの姿勢には、せっかく高い潜在能力を持っているのに、それを高めようという気概や執念がない。開き直ると気分も楽になるので、その瞬間はいいだろうが、それによって運気を落としていることに気づくべきである。

「高すぎるプライド」はマイナスに働く

２０００年頃に採用した新入社員について、その後10年の間にどういう成果を上げ、どんな評価を会社からされたかを細かく調べたことがあった。すると偏差値が高い有名大学の出身者と、そうではない大学を出た者との間には、たいして差がないことがわかった。

有名な大学を出た人とそうではない大学を出た人とのＩＱ的な能力差は、ＥＱの磨き方次第でいくらでも逆転するし、場合によっては何十倍、何百倍もの差をつけることができるということの証明になるといえよう。

偏差値の高くない大学を出た人は、優秀な大学を卒業した人間と比べてハンディを背負っているように見える。ところが見方によっては、優秀な大学を出た人間のほうが、別の意味でハンディを負っているともいえるのだ。

それは何か？「プライド」である。プライドの高さがハンディになるのである。

もちろん一流大学であろうとそうでなかろうと個人差があって、一概に決めつけることはできないが、一流大学を出た者はおしなべてプライドが高い。いい大学を出たことに誇りを持って何が悪いという人もいるだろうが、このプライドが実際に仕事をしていく上では障害になることもある。

上司がちょっとした雑用を振ったら「なんで俺がこんな仕事をしなければいけないんだ」という態度になったりするなど、プライドがブレーキになっている言動が目につくこともある。

その点、平凡な大学の出身者は、優秀な大学を出た社員に比べると指示されたことはとりあえず素直に聞いて、さっさと行動をする印象がある。

プライドが高すぎると、失敗するのが恐いため自分で仕事の範囲を狭めたり、自分の至らなかったところを素直に反省できなかったりするので、伸びしろがあまりなくなる。そのため成長できるせっかくのチャンスを逃しがちになるのである。

プライドを持つべきは、卒業した大学や地位といった社会的属性に対してではなく、あくまで自分が現在していることに対してだ。どれだけのことを、どんな形で今やっているか、そこにプライドを持てるかどうかだ。

高すぎるプライドは、自分が成長する機会を奪うことになるので、捨てるに限るのである。

すべてが順調なときほど、「立ち止まる勇気」を持て

私は山登りが好きで、ひと昔前はよく山に登った。山登りを始めて間もない頃は、あり余る体力に任せてペース配分のことなどまったく考えもせずに歩いていた。最初のう

ちは速いペースでほかの登山者をどんどん追い抜いていくが、中腹をすぎたあたりからペースがくんと落ち始め、八合目あたりで力を使い果たす。

そこから先は、足が鉛のようになって、思うように前に進めなくなる。そんなことを性懲《しょうこ》りもなく繰り返していた。

あるとき、力尽きて横になって休憩していたら、先ほど追い抜いたグループのリーダー格の人が、私を指差して、何やら教訓を垂れているのが聞こえてくる。

「みなさん、あそこで倒れている人がいるでしょ。無茶なペースで登るからあんなことになるんですよ。気をつけましょう」

みっともないやら腹が立つやらだが、どうしようもない。生来の負けず嫌いの性格もあるが、体力を過信し、山を甘く見ていたのだ。

身をもって自分の無謀さを知ってからは、休憩をしっかり取り、ペース配分を考え、体力を温存しながら山頂を目指すことを心がけるようになった。

経営も山登りと同様、ペース配分への細かい目配りが欠かせない。事業が順調に拡大しているからといって、アクセルを全開にし続けるようなことはしてはいけない。
調子よく売れている製品であっても、それに資源を集中させすぎると、新たに生まれてくる需要への対応が遅れたり、人を増やしすぎることで小回りが利かなくなったりする。

成長を急ぐあまり、前のめりになりすぎると、後でたいがい問題が起こるのだ。

私は３年周期くらいで、踊り場に相当する期間を設けるようにしている。この時期は大規模な投資などの冒険をせずに休むのである。

では、どういうときに踊り場を設定するのか。それは成長が鈍化するようなときではなく、むしろ経営状態がよいときに立ち止まるのである。

階段に踊り場があれば、足を踏み外しても、まっ逆さまに下まで転落してしまうことはない。順境のさなかに踊り場をつくって休めば、余裕があるから冷静に全体や先行きを見通せ、次の戦略をじっくり練れる。

順風なときほど、経営者には立ち止まる勇気が必要なのである。

人生も同じだ。好調なときほど、しばし立ち止まって休む。自分や周囲の環境を俯瞰して、きっちり充電する。そうすることで、さらに成長していくための強い足腰ができるのである。

限界をなくせば「不可能」も達成でき、自信にもなる

創業した頃は取引先を広げるために、先方のかなり無茶な注文にもできる限り応じていた。通常なら1カ月かかるようなものを2週間で納めてほしい、モーターのサイズを今の7割程度の大きさにできないか……向こうもこちらを試すようなことをしばしば言ってきた。

もちろん、それはさすがに無理だなと思うものもあったが、ともかく注文ほしさに、どんなことを言われても「できます！」と答えるようにしていた。

多少ハッタリもあったが、そう答えたからには全力を尽くして相手の要望に応えなくてはならない。相手はどうせできないだろうと高をくくっているところもあったので、実際に注文通りに製品を納めに行くと非常に驚いて、それからは注文数をぐんと増やしてくれたりした。

こちらも他社の半分の納期で納めるということをウリにし、注文を積極的に取っていった。なかには注文通りにできなかったこともあるが、品質、納期ともに常識的なレベルを超す結果を出し続けたことで、取引先の信頼を勝ち得てきたのである。

社員一丸となって何日も徹夜に近い作業を続けることもざらにあったが、目標に向かって全力を尽くすことは社員一人ひとりの能力を確実に高め、会社を大きく飛躍させてくれた。

「できます！」というハッタリは高いハードルを自ら設定するようなもので、そこに向けて力を振りしぼることは限界への挑戦でもあった。このあたりが限界かなと思っても、限界を超えるほどの努力をすれば、不可能に思えることであっても達成できることを、この頃知った気がする。

限界だと思っているものは、たいがい頭で勝手に設定しているだけなのだ。だから、最初から限界を設定してしまうのは、自分の能力を発揮するチャンスを逃しているようなもので、実にもったいないのである。

オリンピックのような大きな競技大会では世界新記録が次々と誕生するが、これはひとえに技術や道具の進歩のせいだけではないだろう。

たとえば100メートルの短距離走では、かつて10秒という大きな壁があったが、その壁がいったん破られると、トップクラスの選手は9秒台を出すのが当たり前になった。10秒の壁は意識の壁でもあったのだ。

それ以降は、もうこのあたりが限界かと思われるような記録が、大きなレースごとに、さらに塗り替えられていった。

限界を突破していく力の最後の決め手となるものは、不可能に思えることを達成してやろうという気概なのだ。

ある地点が限界だと思えば、そこを超えられることはない。だから、自分で限界をつくってはいけないのだ。自分に限界なんてないんだと必死に努力している人には、運も味方してくれるから、必ず限界を突破できるのである。

アイデアは、もう出ないと思ってからが勝負

会社が成長する上で絶対的に必要なのは、他社とは違うことをすることである。人も同じだ。人の真似ばかりしていては、評価もされないだろう。

人と違うことをするには、何よりもまず自分の頭でものを考えなくてはいけない。考えに考え抜いて答えを導き、新しいアイデアをどんどん生み出していくことが不可欠だ。

アイデアというのは、無尽蔵にあるものだ。アイデアは井戸の水と同じで、掘っても掘っても尽きることはない。もうないだろうと思っていても、汲み出せば、まだわいて出てくるものだ。そして、「もう出ない」と思っても「いや、もっと何かあるはずだ」と考え続けたときに、本当にいいアイデアは出てくるものである。

仕事では常に新しいアイデアが求められる。とりわけものをつくる現場においては、アイデアは生命線であり、数が勝負だ。1000個出しても当たるのは3個ほどしかないことを「千三つ」というが、アイデアもまさに1000個のなかから実際に形になるのは3つくらいである。つまり、それだけ種をまいておかないと花は咲かない、と心得ておくべきなのだ。

まだ小さい頃、自分の家の田んぼのあぜ道を歩いていたとき、ふとこのあぜ道の広いスペースが何かに利用できるのではないかと思い、それにはあぜ道を有効に活用するために豆を植えればいいではないかと親に提案したことがあった。漠然とものを見ていては、アイデアは絶対に出てこない。問題意識を持ち、常に考えながら行動していれば、必ず新しい発見はあるものだ。

私の場合、人と雑談をしているときにいいアイデアが出てくることが多い。また甘いものをつまみながらコーヒーを飲み、くつろいでいると、ふとひらめくこともある。そうするとコーヒーカップを置いて、忘れないよう即座に担当者に電話を入れるのである。アイデアがひらめいたら、すぐに紙きれに書き留めるとか、誰かに伝えることも大事である。

一瞬舞い降りてきたアイデアは、放っておくと後から「あれ、何だったかな？」ということになりかねない。自分を過信した瞬間に、運が逃げていく典型例である。

「やらないこと」を決めることで運をつかむ

今はそうでもなくなってきたが、ひと昔前まではサラリーマンにとって、ゴルフは仕事のつき合いを円滑にするために欠かせないものであった。週末ともなれば、接待と称し、朝早くから家を出て、いそいそとゴルフ場へ向かうサラリーマンの姿がよく見られたものである。

サラリーマン時代に勤めていた会社の社長が熱烈なゴルフファンで、私もその社長のすすめでゴルフを始めた。ひと頃はゴルフ練習場に熱心に通い、レッスンプロから「素質がありますね」と言われることもあった。

しかしゴルフは私にとって、ストレスをため込むだけのものでしかなかった。プレーをしても、いっこうに楽しくならない。

移動はゴルフカートなので歩かないし、暑い時季にはのどが渇くので、終わってから浴びるようにビールを飲む。だから健康的な運動とは言いがたい。

それにゴルフを介して、より良好な関係をつくろうということ自体にも疑問を感じた。わざわざそんなことをしなくても、相手の要望に沿う仕事をきちんとしていれば信頼関係は築けるし、もっと親しくなりたければ、食事を一緒にしたほうが、よほど相手のことをよく知ることができる。

時間だって馬鹿にならない。接待ゴルフをすれば丸一日つぶれてしまうし、そこそこ上手になるには仕事の合間をぬって練習に精を出さなければいけない。

そんなことを考えると、ゴルフは自分の人生にとって無駄なものだと判断せざるを得なかった。

私は子どもの時分から勉強をはじめ、何に対しても一番にならないと気が済まないところがある。風呂屋の下駄箱に靴を入れるときも1番の番号がついているところに入れるなど、1番へのこだわりはとくに徹底していた。

一方のゴルフではトップの一番にはなれないから、ビリで一番を取れればいいと思っている。もし大会に出るなら、ブービー賞を狙う。

さして好きでもないのに、仕事の義理でゴルフやカラオケにつき合う人は少なくない。面白かったり、趣味にしたりしているのであれば別だが、もしネガティブな気持ちを少しても抱いているなら、時間の無駄である。

私はゴルフもほとんどやらなければ、カラオケもしない。高額な美術骨董品を買ったり、贅沢なグルメ三昧をするわけでもない。遊びらしい遊びをまったくしない私を見て、「趣味はないのですか？」と聞いてきた人がいた。

しかし、私にとっては仕事ほど楽しいものはないのである。つぶれかかっている会社を再建できたときなど、こんなにやりがいのあることはないと感じる。会社の雰囲気もすっかり変わって、社員の表情も明るくなる。新しい社屋ができ、社員数もどんどん増えていく。それを見ているだけで、この上ない喜びと充実感を覚える。ゴルフやカラオケなどの楽しさとは比べものにならないだろう。

一日に与えられた時間は24時間しかないのだから、時間をできる限り豊かで意義あるものにするために、「やらないこと」をはっきりさせておくことは、とても大事である。

「社会の役に立つこと」がもっとも運をもたらす

私が株式投資を始めたのは16歳のときである。当時は家が貧しかったので高校に通う学費稼ぎに学習塾を開いていたが、そこで得た資金を株式に投資したのである。

密かに会社の経営者になる夢を抱いていた私は、株を通して経済の仕組みやビジネスの世界を学び、あわよくば将来会社を興す際の資金づくりをしようと考えたのだ。

そこで知り得たことは、たくさんあった。株式がどのようなメカニズムで変動するのか、強い企業はどんな特徴を持ち、どんな経営をしているのか、どういう業種が時代を牽引《けんいん》し、またこれから伸びていくのか……。このとき学んだ知識は、後に会社を立ち上げるときに、おおいに活きることになる。

私が買った銘柄は高度経済成長の波に乗ってこぞって上昇し、一時は含み益が1億円近くにもなった。だが調子に乗って、信用取引に手を出したのがいけなかった。空売りをしかけた銘柄が予想に反して上がり続け、せっかく膨らんだ含み益をほとんど消してしまったのだ。

その経験から「含み益は当てにならない。信用できるのはキャッシュだけだ」と考えるようになり、以降は信用取引や短期売買は一切止め、成長が見込める優良銘柄への長期投資のみに徹するようになった。

このときのことは、お金というのは大切に扱わないとすぐにどこかへ行ってしまう、ことに汗水垂らさずに得たお金はそうなりがちだという教訓にもなった。

リスクの大きさをろくに考えず、派手に信用取引に手を出してしまったのも、お金の大切さが体にしみていなかったからだろう。

苦労して一代で大金持ちになった家に生まれた2代目、3代目は家を傾け、最後につぶすとよく言われるが、それもお金のありがたさがよくわかっておらず、浪費を重ねるからである。

明治の頃に米相場で巨万の富を築いた有名な相場師が何人かいるが、その後、みな破産している。彼らもまた、お金というものの値打ちを心底理解していなかったのだろう。

アメリカの有名な投資家ウォーレン・バフェット氏は、堅実な長期保有の視点に立った独自の投資手法によって途轍もない富を築いたが、本人の暮らしはいたって質素であり、儲けたお金の大半は慈善事業などの寄付に回している。

バフェット氏は、お金は社会をよりよくするためのものであって、自分一人のために使うものではないと考えている。お金の値打ちを深く知り、活きた使い方をよく知っているのだ。かたや件の明治の相場師は、自分のお金をどれだけ増やすかに執着し、貧しい人たちに回そうなどという発想などなかったのかもしれない。

長い目で企業を応援し、よりよい社会の成長を目指して投資を続けるバフェット氏と、自己利益のための投機をして一喜一憂を繰り返す相場師。バフェット氏の投資が長く成功を続け、明治の相場師がそうならなかったのは、結局こうしたところに決定的な差があるからだろう。

企業の経営者のなかにも、成長が見込めそうな会社を探し出しては、ベンチャー投資を積極的に行っている人がいる。しかし、どうなるか予測できない未来へ投資することは、運任せのようでもあり、自分の力でコントロールできる範囲をいずれ大きく逸脱するだろう。

コントロールできない部分が大きいということは、リスクもその分、大きいということだ。

それよりは、ベンチャー投資によって得たお金を、自らが行っている本来の事業に回して育てていくほうがよっぽどいい。そうすることで雇用を増やし、人の役に立つサービスやモノを生み出して社会に貢献していくことが、企業家本来の務めだと思うからだ。その基本を、企業家は忘れてはならない。

そもそも企業の務めとは、社会で困っている問題を解決するために活動することだ。

私が子どもの頃、母親は子どものおむつを洗うのに冷たい川の水や井戸水で洗っていた。自分の手や足を使って行う洗濯は、けっこうな重労働である。そんな家事労働の負担を軽減する目的でつくられたのが洗濯機である。このように企業の活動は大なり小なり、暮らしや生き方の問題を解決し、人々がより豊かで幸せになることを助けるようなものであるべきなのだ。

目先の小さな損得にとらわれていては、大きな仕事はできない。「私」の利益のためだけでなく「社会」のためにどれだけ役に立てるか。損か得かという計算を超えたところで、何ができるか。そこに自分の志を向かわせ、力を注ぐことが、結果的に運を招くのである。

構成　高木真明
図版・DTP　美創

著者略歴

永守重信《ながもりしげのぶ》

１９４４年、京都生まれ。職業訓練大学校（現・職業能力開発総合大学校）卒業。73年、28歳で従業員３名とともに日本電産株式会社（２０２３年４月１日、「ニデック株式会社」に社名変更）を設立、代表取締役社長に就任（現在は会長）。あらゆる種類のモーターと周辺機器を扱う世界No.１の総合モーターメーカーに育て上げた。日本電産は現在、世界中に３００社を超える関連会社を擁し、従業員約11万人（関連会社を含む）という巨大グループに発展している。２０１８年、京都にて大学及び幼稚園を運営する学校法人の理事長に就任。直ちに学校法人名を永守学園と改称し、運営する大学の改革に着手。19年、大学の名称を京都先端科学大学に変更。20年、同大学に工学部を開設。21年、法人合併により京都学園中学高等学校を傘下に収め、京都先端科学大学附属中学校高等学校とした。また22年、ビジネススクール（経営大学院）を開設するなど、世界で通用する即戦力人材の育成に情熱を注いでいる。著書に『成しとげる力』（サンマーク出版）、『永守流 経営とお金の原則』（日経ＢＰ）、『人生をひらく』（ＰＨＰ研究所）、『大学で何を学ぶか』（小学館）などがある。

幻冬舎新書 680

運をつかむ

二〇二三年一月二十一日 第一刷発行

著者 永守重信
発行人 見城徹
編集人 小木田順子
編集者 四本恭子
発行所 株式会社 幻冬舎
〒一五一－〇〇五一 東京都渋谷区千駄ヶ谷四－九－七
電話 〇三－五四一一－六二一一（編集）
〇三－五四一一－六二二二（営業）
公式HP https://www.gentosha.co.jp/
ブックデザイン 鈴木成一デザイン室
印刷・製本所 株式会社 光邦

GENTOSHA

検印廃止

Printed in Japan ISBN978-4-344-98682-4 C0295
な-27-1

＊この本に関するご意見・ご感想は、左記アンケートフォームからお寄せください。
https://www.gentosha.co.jp/e/